# LES
# JOURNÉES
## DE TITUS

PAR

**MÉRY**

Diem non amisi

PARIS

MICHEL LÉVY FRÈRES, LIBRAIRES ÉDITEURS
RUE VIVIENNE, 2 BIS, ET BOULEVARD DES ITALIENS, 15
A LA LIBRAIRIE NOUVELLE
—
1866
Tous droits réservés

# LES
# JOURNÉES
## DE TITUS

CHEZ LES MÊMES ÉDITEURS

# OUVRAGES DE MÉRY

### Format grand in-18

| | |
|---|---|
| LES AMOURS DES BORDS DU RHIN............................. | 1 vol. |
| UN CRIME INCONNU............................................. | 1 — |
| LES JOURNÉES DE TITUS........................................ | 1 — |
| MONSIEUR AUGUSTE. 2ᵉ *édition*.............................. | 1 — |
| LES MYSTÈRES D'UN CHATEAU................................. | 1 — |
| LES NUITS ANGLAISES.......................................... | 1 — |
| LES NUITS ITALIENNES......................................... | 1 — |
| LES NUITS D'ORIENT........................................... | 1 — |
| LES NUITS PARISIENNES....................................... | 1 — |
| LES NUITS ESPAGNOLES........................................ | 1 — |
| POÉSIES INTIMES................................................ | 1 — |
| THÉATRE DE SALON. 2ᵉ *édition*............................. | 1 — |
| NOUVEAU THÉATRE DE SALON................................. | 1 — |
| TRAFALGAR....................................................... | 1 — |
| LES UNS ET LES AUTRES........................................ | 1 — |
| URSULE. 2ᵉ *édition*............................................ | 1 — |
| LA VÉNUS D'ARLES.............................................. | 1 — |
| LA VIE FANTASTIQUE........................................... | 1 — |
| LE PARADIS TERRESTRE. 2ᵉ *édition*......................... | 1 — |
| MARSEILLE ET LES MARSEILLAIS. 2ᵉ *édition*................ | 1 — |
| UN AMOUR DANS L'AVENIR.................................... | 1 — |
| ANDRÉ CHÉNIER................................................. | 1 — |
| LA CHASSE AU CHASTRE....................................... | 1 — |
| LE CHATEAU DES TROIS TOURS.............................. | 1 — |
| LE CHATEAU VERT.............................................. | 1 — |
| UNE CONSPIRATION AU LOUVRE............................. | 1 — |
| LES DAMNÉS DE L'INDE....................................... | 1 — |
| UNE HISTOIRE DE FAMILLE................................... | 1 — |
| UN HOMME HEUREUX......................................... | 1 — |
| UNE NUIT DU MIDI............................................. | 1 — |
| SALONS ET SOUTERRAINS DE PARIS......................... | 1 — |
| LE TRANSPORTÉ................................................. | 1 — |

Imprimerie générale de Ch. Lahure, rue de Fleurus, 9, à Paris.

Lorsque, après trente-cinq ans de labeur littéraire, on jette un regard sur le passé, on est effrayé en supputant, par approximation, le nombre de feuilles qu'on a noircies, et le nombre d'oies qu'il a fallu plumer pour noyer dans le fleuve de l'oubli tant d'articles caressés un instant et disparus sans retour.

Les lettrés contemporains qui ont répondu à ces exigences de publicité légère, pourraient faire une assez jolie collection de volumes en réunissant tous ces articles, dont plusieurs milliers n'ont pas été signés; mais ce serait un travail impossible, et, pour ma part, je ferais reculer l'éditeur le plus brave si j'osais lui proposer de publier soixante volumes en réunissant tout ce qui appartient à ma littérature secrète depuis 1825.

Un auteur a pourtant certaines prédilections de souvenir pour quelques-uns de ces chapitres, qui sont comme les jalons de sa vie littéraire. Un homme illustre écrit ses *Mémoires ;* ce mot est trop ambitieux pour un homme obscur; il peut alors faire ce que je tente aujourd'hui, un livre de *Mémoires* en articles de journaux: Chaque article se rattache à un événement littéraire, politique, ou à un accident de voyage ; c'est de la chronique rétrospective, et par le temps d'exhumation qui court, les choses du passé ont souvent plus d'attrait pour le lecteur que les choses du présent.

MÉRY

# LES
# JOURNÉES DE TITUS

## LE PALAIS-ROYAL

Paris aime à déplacer son Forum. Il change de grande artère à chaque siècle ; son cœur a battu un peu partout. Il y a encore, parmi nous, des vieillards qui ont vu trois de ces déménagements et entendu les derniers chansonniers du *Temple*, les élèves de La Fare et de Chaulieu; ce poëte égrillard à qui Voltaire adressait ces vers :

> A vous, l'Anacréon du Temple,
> A vous, le sage si vanté,
> Qui nous prêchez la volupté
> Par vos vers et par votre exemple.

Chaulieu habitait alors cette belle maison qui fait l'angle de la rue du Temple et du boulevard ; sa gloire remplissait ce quartier, et on parlait de lui jusque dans les hôtels de Soubise et de Tallart, qui attendent leur démolition dans la rue des *Enfants-Rouges*. Voltaire, qui exagérait souvent l'éloge lorsque l'hyperbole pouvait ennuyer un voisin, disait encore, en parlant des poésies du célèbre abbé du Temple : *Ce sont des statues de Michel-Ange ébauchées.* Ainsi passe la gloire des hommes et des quartiers. Un marché aux haillons remplaça le Parnasse du Temple, et on a oublié l'abbé de Chaulieu.

La vie parisienne descendit bientôt dans le Palais-Royal. La récente catastrophe du Café de Foy a mis en circulation plusieurs notices sur ce Forum aux quatre galeries; mais bien des choses ayant été omises, il est du devoir des anciens de remplir les lacunes et d'apporter de nouveaux documents qui pourront un jour servir aux futurs historiens du Palais-Royal.

Sans remonter à Camille Desmoulins et à Lepelletier-Saint-Fargeau, nous nous contenterons de commencer notre galerie de tableaux vers les dernières années de l'Empire. C'était l'époque des crânes et des duels. Le crâne est aujourd'hui un être fossile, comme le chien carlin. Il fut terrible comme le mosasaurus des jours antédiluviens. Le crâne hantait le Palais-Royal ; il se battait, disait-on, trois fois par semaine : avec celui qui le regardait en face, avec celui qui le regardait de travers, et avec celui qui ne le regardait pas du tout. On ne savait comment regarder les crânes sans exposer ses jours.

Ce duelliste de profession était habillé par Barbichon Walter, tailleur devant les galeries de bois. Il portait un habit bleu barbeau, à boutons dorés, surmonté d'un collet à vaste envergure ; une double cravate permettait au menton de s'y tortiller à l'aise ; une épingle à topaze imposait un frein aux évolutions du jabot de batiste. Le gilet chamois s'ouvrait à deux battants sur la poitrine. Le pantalon de casimir à côtes dessinait la jambe, et des bottes russes, s'évasant par derrière, mettaient en relief des mollets herculéens ; mais le crâne se distinguait surtout par la pose du chapeau, toujours incliné sur l'oreille gauche. Ce chapeau faisait sourire le passant naïf. Une explication s'engageait, et si le passant refusait des excuses, on se rendait à la porte Maillot. Faublas avait mis à la mode ce rendez-vous.

Les crânes se respectaient entre eux.

Le prototype de l'espèce était Floquin. Je l'ai beaucoup connu à Marseille, dans sa vieillesse ; le père

Guyon, missionnaire, l'avait converti ; il était doux comme un agneau, et jurait sur son honneur que son épée et son pistolet n'avaient aucune mort d'homme à se reprocher.

A onze heures du matin, les *professeurs* faisaient leur apparition dans les galeries du Palais-Royal. On citait les plus célèbres, M. le chevalier Desbaignoires, M. Angot et le mécanicien Carpentier.

Que professaient-ils ? Voilà ce que personne ne devinerait en Sorbonne, si je ne venais en aide aux chercheurs.

Ils professaient le *trente-et-quarante*, et avaient pour élèves les provinciaux arrivés le matin par les pataches du Bourbonnais.

En ce temps, quatre maisons de jeu florissaient au Palais-Royal ; le n° 113, avec sa roulette et son biribi, où la mise de cinq sols était reçue ; le n° 129, où l'on jouait le passe-dix, avec les dés et l'entonnoir ; le n° 154, où les joueurs étaient présentés, et le fameux n° 9, plus tard devenu le n° 36, sous l'administration du comte de Chalabre, qui avait eu l'honneur de *tailler* à Versailles, chez le comte de Provence, Louis XVIII.

Au 154, les professeurs n'étaient pas reçus. Ils se partageaient les autres numéros.

Lorsqu'un novice jouait au trente-et-quarante et perdait, le professeur, placé derrière lui, poussait un soupir de commisération après chaque coup fatal, ce qui attirait enfin l'attention du jeune joueur candide.

— Je m'aperçois avec peine, lui disait le professeur dans un entr'acte, que vous jouez au hasard. On voit bien que c'est la première fois que vous entrez dans un établissement.

— C'est vrai! disait le provincial ébahi; il y a donc une manière de ne pas jouer au hasard?

— Vingt manières, reprenait le professeur; nous avons le *tiers et tout*, l'*échelle de Moïse*, l'*échelle de Jacob*, la *sauteuse*, la *promeneuse*, les *trente-deux cartes piquées*, la *martingale simple*, la *boule de neige*, le 1, 3, 7 et 15 le *jeu du tableau*, la....

— Et on joue à coup sûr? interrompait le novice.

— C'est chat en poche, disait le professeur; il n'y a qu'à se baisser pour en prendre.

— Et pourquoi ne jouez-vous pas, vous, monsieur? demandait le provincial.

— C'est un serment que j'ai fait au lit de mort de ma mère, répondait le professeur en se détournant pour cacher deux larmes absentes.

Cette réponse inattendue donnait une certaine émotion au jeune homme.

— Et quelle est la meilleure méthode à employer, quand on ne veut pas jouer au hasard ? demandait-il ingénument.

— De quel capital disposez-vous ? disait le professeur.

— Deux mille francs.

— Avec cette faible somme vous n'avez droit qu'à un gain de dix louis par jour.

— Mais cela m'arrangerait assez. Peste ! trois cents louis par mois !

— Trois mille six cents louis par an, ajoutait le professeur, en supprimant les cinq jours de relâche ; c'est une perte.

— Oh ! je me résigne à cette perte très-volontiers.

— Vous avez ensuite les honoraires du professeur.... peu de chose.... le tiers.

— Va pour le tiers.

— Maintenant, jeune homme, je vous propose, comme la reine des marches infaillibles, la progression de d'Alembert.

— L'auteur de l'*Encyclopédie !* remarquait le provincial.

— Lui-même, et ce n'est pas l'*Encyclopédie* qui a fait sa gloire, c'est sa fameuse progression! un chef-d'œuvre de mathématiques! la *progression montante et descendante!* le triomphe de l'esprit humain! On neutralise le *refait* de *trente-un*. »

L'association conclue, le professeur prenait place à la table, avec une gravité de Sorbonne. Il posait devant lui sa tabatière-Touquet, ornée de la charte constitutionnelle, avec le portrait de Louis XVIII; il échelonnait ses *masses*, se munissait de cartes et d'épingles, et contrôlait, d'un œil sûr, les rapides additions du banquier.

Pendant quelques séances d'Alembert triomphait, et l'heureux provincial regardait d'un air de pitié les étourdis qui jouaient au hasard, sans professeur. Puis, l'inévitable jour du *saut* arrivait et le maître, pétrifié de stupéfaction, disait à l'élève : « Monsieur, jamais pareil coup ne s'est reproduit depuis la fameuse *taille* où M. de Chalabre amena quatre coups de six *accolés* à rouge, une taille impossible, qui fit perdre vingt mille pistoles à monseigneur le comte d'Artois! »

L'association était dissoute sur place, mais le professeur avait eu soin de faire la part de d'Alembert, pour ne pas donner un démenti à l'infaillibilité du philosophe mathématicien.

Après l'abolition des jeux, en 1837, le professeur se plaignit de sa pauvreté, qui l'attachait au rivage, et il ne passa pas le Rhin. C'était un produit du Palais-Royal, et il ne fut pas transplanté.

Le n° 9 a joui longtemps d'un privilége qui paraîtra bien extraordinaire aujourd'hui. Vers une heure du matin, on ouvrait les portes à l'escadron volant des Athéniennes de Paris. La toilette de ces dames rappelait le costume léger que le grave Montesquieu, dans son *Temple de Gnide*, a dessiné pour les jeunes filles de Lacédémone, candidates au prix de beauté. Le Directoire, avec son goût pour les mœurs antiques, ressuscitait alors dans ce coin de Paris. Un célèbre professeur de poésie latine était fidèle à ces bacchanales parisiennes, et s'écriait avec le poëte : *Qualis nox, Dii, Deæque!* On soupait lorsque l'Aurore aux doigts de rose ouvrait les portes de l'Orient.

En 1814, ce n° 9, ainsi constitué, rendit un service immense au crédit public, et imprima une forte hausse à toutes les valeurs financières du temps. Ceci demande explication. L'histoire, cette grave imbécile, néglige toujours les détails les plus curieux et les plus intéressants. Suppléons.

On venait de payer à nos amis les alliés la somme d'un milliard pour frais de restauration. Les nombreux états-majors des armées envahissantes remplissaient le Palais-Royal du fracas de leurs bottes et de leurs éperons. Cette foule d'Annibals avait trouvé une Capoue au n° 9, mais beaucoup plus Capoue que l'autre. Ils étaient gorgés d'or, chose qui manquait aux Carthaginois; ils enrichissaient les restaurateurs, les limonadiers, les orfèvres, et, entraînés par les sourires des Laïs frelatées, ils essayaient de faire payer au jeu de la nuit toutes leurs folles dépenses du jour. Un seul hiver du n° 9 fit rentrer ainsi dans Paris le milliard d'indemnité qui prenait le chemin des capitales de l'Europe. Les états-majors écrivirent même à leurs parents pour demander des fonds, et, le printemps venu, il y avait bénéfice pour Paris. On affirme que M. de Talleyrand ne fut pas étranger à cette habile opération. Les alliés rentrèrent chez eux, ruinés de toutes les manières. En 1815, Blücher même se fit habitué du n° 9, et y trouva son Waterloo.

Après le départ des vaincus du *trente-un*, le Palais-Royal reprit sa pyysionomie parisienne, mais toujours bien différente de celle d'aujourd'hui. Ainsi, aucune bonne d'enfants ne se montrait alors dans le jardin. Les mères du voisinage croyaient que le Palais-Royal était sillonné par les balles des joueurs qui se brûlaient la cervelle à chaque instant, et elles recommandaient aux bonnes de s'éloigner de ce lieu maudit. Il y avait d'ailleurs une autre cause à cette recommandation : elle se trouve dans plusieurs satires de 1816 et 17.

> Là règne des Laïs la cohorte effrénée,
> Honte du célibat, fléau de l'hyménée,

s'écriait M. Vigée, candidat de l'Académie jusqu'à sa mort.

Un autre poëte, M. Sourdon de la Corretterie, qui devint directeur de la manufacture de tabacs, à Marseille, lança chez le libraire Petit, galerie de bois, une violente satire, dont voici les derniers mots :

> Qu'est le Palais-Royal ? Pour le dire en un vers :
> C'est un cloaque impur où vomit l'univers.

Un vaudevilliste, qui travaillait au Palais-Royal, regarda cette satire comme une insulte personnelle, et fit insérer dans le *Mercure* le couplet suivant, hérissé de calembours, genre d'esprit alors très en vogue :

> Sourdon de la Corretterie,
> Le chef d'une usine à tabac,
> Prise beaucoup la poésie,
> Mais il rime *ab hoc et ab hac*.
> Pour aller à la renommée,
> Il a tous les droits réunis ;
> Mais sa gloire vole en fumée
> Dans une pipe de Tunis.

C'était une allusion à un cadeau du bey de Tunis, qui protégeait M. Sourdon.

L'exhibition permanente du vice patenté paraissait alors la chose la plus naturelle du monde, et les satires de Vigée et de Sourdon ne trouvaient point d'acheteurs. Ces dames, en costume d'odalisques, s'encadraient sous toutes les arcades et chantaient *Fleuve du Tage* ou *C'est l'amour, l'amour*, avec des voix plus fausses que leurs charmes. Les provinciaux nouaient des intrigues et payaient des douzaines de gants ; ils étaient heureux.

Indépendamment des crânes, le personnel du Palais-Royal se composait d'emprunteurs, d'usuriers, d'acheteurs de reconnaissances, de fils déshérités, de péripatéticiens décavés, d'inventeurs de martingales, de créanciers explorateurs et d'âmes du purgatoire à jeun. Vers cinq heures du soir, le beau monde arrivait. Les *fats* se montraient dans les galeries, avec des habits irréprochables, sortis des ateliers de Michel et Léger, rue Vivienne. Les *fats* avaient toujours un cortége de provinciaux, qui étudiaient le mécanisme des cravates et la coupe des favoris.

La province raffolait du Palais-Royal sans le connaître. On répétait dans tous les départements ce couplet de l'opéra, l'*Auberge de Bagnères* :

> J'avais mis mon petit chapeau,
> Ma robe de crêpe amarante,
> Mon châle et mes souliers ponceau,
> Ma tournure était élégante.
> Eh bien ! les dames du pays
> Ont critiqué cette toilette ;
> Et pourtant j'en ai fait emplette
> Au Palais-Royal, à Paris ! (*ter*.)

Les contrefacteurs de Talma formaient le côté artiste des habitués du Palais-Royal.

Le plus renommé de ces contrefacteurs tragiques était Brion, garçon coiffeur chez le célèbre Letellier, galerie de Foy.

Souvent, à la demande générale, Brion abandonnait une barbe toute savonnée, et, le rasoir à la main, il imitait, à s'y méprendre, l'accent et le geste de Talma, dans les passages qui faisaient recette : — *J'ai soif*, d'*Abufar; je le savais*, des *Templiers; tiens, lis*, de *Manlius; j'étais jeune et superbe*, d'*Œdipe*. Le client non rasé regardait le déclamateur à travers l'écume de savon et oubliait sa barbe. Tout l'auditoire frémissait en économisant 2 francs 4 sols, prix du parterre au Théâtre-Français.

Excité par les applaudissements des pratiques non rasées, Brion négligeait les fractions de tragédies et se lançait dans la tirade. Quelquefois Talma, couvert d'un carrick à cinq collets, passait devant la boutique de Letellier, et, en entendant les cris de son contrefacteur, il s'arrêtait devant la vitre et lui envoyait un sourire olympien. Cette récompense doublait la verve de Brion. Il imitait alors l'*entrée d'Hamlet*; une entrée que Talma, disait-on, avait empruntée au tableau de la *Peste* de Poussin :

. . . . . . . . . . . . . Fuis, spectre épouvantable,
Porte au fond des tombeaux ton aspect redoutable !

Et les pratiques émues croyaient voir le fantôme *portant son aspect* au fond des tombeaux.

On demandait ensuite le fameux passage de *Manlius*, et Brion, se levant sur la pointe de ses pieds, rejetant ses bras en arrière et les laissant retomber brusquement devant lui, s'écriait :

> C'est moi qui, décevant leur attente frivole,
> Renversai les Gaulois du haut du Capitole !

Et les spectateurs croyaient voir une cataracte de Gaulois renversés par les mains de Manlius, et portant sur leurs visages l'expression d'une attente frivole subitement déçue. Le rasoir s'agitait toujours dans les trois doigts de Brion, mais il ne rasait pas.

Dans le jardin, les contrefacteurs non rasés et pauvres, faisaient une fouille dans leurs poches pour y trouver le prix d'un billet de parterre et un cachet de 32 sols, pour un dîner chez Tabar. Il y avait déficit. Alors ils montaient au n° 9, plaçaient une pièce de 2 francs sur la *transversale* du 3 au 36, perdaient le coup, et redescendaient au jardin pour contrefaire Talma qu'ils n'avaient jamais vu.

Le café des Mille Colonnes était alors une des merveilles du Palais-Royal. On disait que la limonadière de cet établissement était la plus belle femme de l'Univers. Son mari avait fait courir ce bruit en province, et on se rendait en pèlerinage au merveilleux café pour admirer cette reine de beauté assise sur son trône de cristal et donnant les flacons de Cognac avec des sourires de Vénus Astarté. Le mari, accoudé sur l'angle du trône, se donnait un air soucieux, pour n'humilier personne de son bonheur et donner de l'espoir à chaque pèlerin. Quand il eut fait fortune, il vendit tout, excepté sa femme, et descendit du trône en prononçant le beau vers du *Sylla* de M. de Jouy :

J'ai gouverné sans peur et j'abdique sans crainte.

C'était encore une contrefaçon de Talma.

Le café Montansier n'était pas si heureux ; il y avait une limonadière brune, mais laide. On y jouait de petits vaudevilles, et on payait l'entrée par des consommations. Après chaque scène, les consommateurs étaient invités à circuler. Pareille tyrannie porta un tort fatal à l'établissement. Le café Montansier fut un jour transformé en théâtre du Palais-Royal, et notre célèbre Samson y débuta. Les Aveugles, le Sauvage et Séraphin ne perdirent rien de la constante faveur des étrangers. Le personnel des habitués inactifs de l'endroit se divisait en plusieurs classes, politiques ou non. Les officiers à demi-solde s'établirent au café Lemblin, renommé pour l'excellence de son moka. Les vétérans royalistes jouaient aux dominos chez Valois, avec le *double-blanc*, qui était destitué chez Lemblin par esprit d'opposition. Le café Corázza garda une neutralité sage. Le café Périgord était désert à cause de Talleyrand; l'enseigne déplaisait. Les provinciaux se donnaient rendez-vous à la Rotonde, vraie tour de Babel, où se croisaient tous les patois et tous les idiomes inconnus. Les hommes sages, les rentiers, les artistes, les beaux causeurs et les abonnés du *Journal des Débats* occupaient tous les guéridons du café de Foy. Les restaurants de Véry, de Véfour et des Provençaux n'avaient pas assez de tables pour satisfaire les appétits des Anglais opulents, des oisifs sensuels et des joueurs heureux.

Qui le croirait aujourd'hui ! un des plus grands attraits du Palais-Royal résidait dans une double galerie bâtie en bois vermoulu et pavée par la boue. Les anciens se souviennent avec émotion de ces deux affreux corridors de planches lépreuses, où s'entassaient des promeneurs des deux sexes, même avant la découverte du gaz. J'ai vu d'honorables sexagénaires s'attendrir aux larmes quand on parlait devant eux de ces ignobles galeries de bois. Lorsque les architectes royaux, Percier et Fontaine, élevèrent, selon leur usage, des colonnes de Vitruve sur les ruines de ces masures, on entendit des lamentations dans le Palais-Royal. Pour la première fois, le luxe avait le tort de remplacer l'indigence. On accusait Palmyre d'anéantir la cour des Miracles, et la dalle de marbre de couvrir le terrain fangeux. Explique qui pourra cette dépravation : toutefois, le fait subsiste. Jamais la belle galerie d'Orléans n'a joui de la vogue de l'abjecte galerie de bois.

Là se trouvaient les échoppes des grands libraires de Paris : Delaunay, Dentu, Ponthieu, Chaumerot, Ledoyen. Là trônait, sous un dôme de bois pourri, le plus illustre des éditeurs, notre ami Ladvocat, mort en exerçant l'état de couturière; il montrait au public les bustes de Byron et de Walter Scott, dieux pénates de sa boutique; mais cette concession faite au goût anglais du jour, il rentrait dans le sentiment national, et popularisait de toute l'autorité de son crédit les œuvres naissantes de Victor Hugo et de Lamartine.

Un jour, Chateaubriand fut, — suivant son expression, — *chassé du ministère comme un garçon de bureau;* à cette nouvelle, Ladvocat s'élança des galeries de bois à la rue de l'Université, et offrit au grand écrivain, toujours besoigneux, de lui acheter ses œuvres au prix énorme de 300,000 francs; ce qui fut accepté, comme on le pense bien. La splendide galerie d'Orléans n'a jamais vu conclure un semblable marché.

Dans le voisinage de Ladvocat, on lisait sur une enseigne : *Corréard, libraire.* Ce nom passionnait alors le monde parisien. Corréard était un des survivants du désastre de la *Méduse;* il avait posé devant Géricault. Il était acteur dans le terrible drame du radeau, et il en racontait admirablement les émouvantes péripéties. On accourait de tous les coins de Paris pour voir l'homme sauvé des eaux, le Moïse devenu libraire aux galeries de bois. A chaque livre vendu, Corréard donnait un petit récit verbal par-dessus le marché. L'acheteur sortait en oubliant son livre, et racontait le naufrage de la *Méduse* aux naufragés du n° 9; c'était une consolation pour ces malheureux sans radeau.

A ces mêmes galeries de bois, le libraire Petit personnifiait l'ancien régime. En vain le journal de

M. Lamésangère, oracle de la mode, dictait ses ordonnances dans le Palais-Royal, M. Petit gardait ses ailes de pigeon, sa poudre parfumée d'iris, sa culotte de satin, ses mollets absents et ses souliers à boucles en similor. Lorsque, par hasard, un acheteur entrait dans sa boutique, il était assez mal reçu ; M. Petit avait une certaine aisance ; il étalait ses vieux livres, qu'il regardait comme des meubles, contemporains de la prise de la Bastille, et s'acharnait à ne pas les vendre, pour nuire au progrès. En 1817, quand l'éclairage au gaz chassa les ténèbres des galeries de bois, le vieux libraire protesta contre ce *fiat lux*, et garda l'huile orthodoxe dans ses deux quinquets.

A l'angle le plus sombre des galeries de bois se cachait mystérieusement le libraire Terris, cité dans une satire de 1831, à propos de Chodruc-Duclos, le chrétien-errant du Palais-Royal :

De l'angle de Terris jusqu'à Berthélemot.

Terris avait deux cordes à son arc, la boutique et le manteau ; l'une vendait publiquement les secrets d'État à des prix sages, l'autre les secrets de boudoirs à des prix fous. Il avait pour enseigne le DIEU MARS. C'était un symbole. Les provinciaux littéraires se demandaient quel rapport avait existé entre le dieu de la Thrace et le commerce de la librairie ? Terris n'expliquait le mystère qu'aux acheteurs de la *Fille de l'historien Justin*, œuvre illustrée par la gravure. L'explication coûtait cinq cents francs à l'acheteur, et parfois six mois de prison au vendeur. Le dieu Mars, disait Terris, allait souvent, à Lemnos, chez le forgeron Vulcain, sous le prétexte d'acheter une lance, un javelot, un casque ; mais, comme la poste n'était pas inventée, il allait donner un rendez-vous à madame Vulcain, la belle Vénus. Comprenez-vous maintenant mon enseigne ? On vient chez moi sous le prétexte d'acheter la morale en action, et on achète l'action sans morale. Le provincial riait beaucoup et trouvait ce libraire fort spirituel, mais abusant trop de la prison. Le même commerce fut continué ensuite clandestinement, sans enseigne de dieu Mars, par un autre éditeur devenu millionnaire et moral.

Comme l'expose et le prouve le *Tableau véridique*, le Palais-Royal jouissait alors d'une vogue à nulle autre pareille. On n'avait jamais rien vu de semblable à la place Royale, sous Marion Delorme, et au Temple, sous Anacréas Beaulieu.

L'or coulait à flots dans les galeries de pierre et de bois, et l'illustre Volney, qui avait pleuré sur les ruines de Babylone, s'écria le premier qu'elle était rebâtie entre la rue des Petits-Champs et le Château-d'Eau.

Babylone allait entrer au couvent!

Une jeune génération venait d'entrer en ménage sous les cent quatre-vingts arcades du Palais-Royal. Benjamin Constant avait perdu sa dernière pistole au n° 154 ; et M. Benoît Salverte empruntait un billet de mille à son frère, M. Eusèbe Salverte, député de l'opposition. A quoi tient le destin des Babylones!

Les jeunes ménages firent une pétition pour exclure du Palais-Royal la *cohorte des Laïs*, déjà flétrie par le poëte Vigée. Benjamin Constant, l'éloquent décavé, fit son premier discours contre les jeux publics, et Eusèbe de Salverte, menacé d'un second emprunt fraternel, commença, sur le même thème, son *delenda double zéro*, qui devait durer tant de samedis, et finit par triompher.

D'abord on fit droit à la pétition des jeunes ménages, et la cohorte effrénée disparut.

Une dernière pétition, soutenue au dernier samedi par M. Eusèbe Salverte, irrita tellement les nerfs des députés à jeun, un coup de six heures, qu'ils votèrent comme un seul homme l'anéantissement de la ferme aléatoire. On illumina le Palais-Royal.

Cette mesure était sage en principe, mais on n'aurait pas dû la généraliser. Sans doute il était urgent de fermer les maisons où les ouvriers, les commis de recette, les jeunes étourdis allaient perdre leur cuivre ou leurs billets de banque ; mais puisque les Anglais, les Américains, les Russes, les Espagnols et les millionnaires ennuyés, avaient l'extrême bonté de venir donner à Paris le superflu de leurs rentes, sans se plaindre, on aurait dû, puisqu'on ne fermait pas la Bourse, où l'on biseautait alors la hausse et la baisse, on aurait dû laisser ouvertes les trois maisons aristocratiques de la rue Richelieu et du Palais-Royal, maisons dont l'entrée était si difficile : Frascati, le salon des étrangers, et le 154, célèbre par sa *table d'or*. Il fallait fermer le 5 de la rue Saint-André-des-Arts, où le voisinage entraînait les étudiants ; le 36 de la rue Dauphine, ténébreux comme un étouffoir ; le n° 13 de la rue Marivaux, meublé d'une seule roulette ; le 129, le 36, et surtout le 113, ce gouffre des salaires du samedi. Si on excepte l'honorable M. Buon, tous les députés votèrent la suppression sans connaître la chose. Elle est incalculable, la somme d'or étranger que cette loi de 1837 a enlevée au commerce de Paris. Aussi l'Allemagne illumina sur la rive droite du Rhin. Les Anglais, les Américains, les Russes, les Espagnols ont bâti et enrichi plusieurs villes étrangères avec le superflu qu'ils destinaient à Paris, leur cité de prédilection. Le Français est brave sur le champ de bataille, mais sur le tapis vert, c'est le plus pâle des poltrons ; le Français est éminemment carotteur, et à Frascati, lorsque deux pièces de cinq francs se caressaient sur les tables, on pouvait parier à coup sûr qu'elles sortaient d'une poche française. Au salon des étrangers, il n'y avait de Français que Benjamin Constant, et encore il était Suisse. Au 154 du Palais-Royal, on voyait deux Français : M. Tissot, le classique écrivain, et M. Manvielle, l'historien ; mais ils ne jouaient pas, ils observaient les mœurs par devoir de profession.

Toutefois, il ne faut pas s'imaginer, comme plusieurs chroniqueurs spirituels viennent de l'écrire, que le Palais-Royal va passer à l'état de Thèbes et de Palmyre, parce que le café de Foy n'existe plus. Cet établissement serait ouvert encore s'il avait voulu faire une concession au vice presque universel de notre époque, en permettant le cigare, à midi, comme aux cafés du boulevard. La chose était impossible. Trop de vénérables mânes auraient frémi, si des tourbillons de fumée de havane eussent couvert l'hirondelle du plafond.

A ce propos, un garçon fit l'an dernier une réponse sublime. — Si vous ne permettez pas de fumer, lui disait un consommateur, vous serez obligé de fermer boutique; et le garçon répliqua, en parodiant un mot célèbre :

Le café de Foy meurt, mais il ne fume pas!

Et il est mort. Mais la vie est encore surabondante dans ce beau Palais-Royal, qui sera toujours, malgré le succès de ses pétitions, un des plus beaux ornements de Paris et la galerie des étrangers.

# LE VAUDEVILLE

### ET LA VIEILLE GAIETÉ FRANÇAISE

Les évocateurs des choses mortes s'écrient périodiquement avec mélancolie :

Qu'est-elle devenue la bonne et vieille gaieté française ?

Je suis étonné que, dans notre pays, où la rage de proposer des prix est si grande, on n'ait jamais cloué une médaille de cinq cents francs au sommet du mât de Cocagne académique, pour l'auteur du meilleur Mémoire, écrit sur cette question : *Pourquoi la bonne et vieille gaieté française a-t-elle disparu du sol gaulois ?*

Examinons, sans prix.

La génération qui florissait de 1800 à 1815, a fondé quatre-vingt-quatre *Caveaux*, succursales du *Caveau* central de Paris. Ces quatre-vingt-quatre caveaux, créés dans les chefs-lieux, se subdivisaient ensuite en petites caves, établies dans les villes de sous-préfecture. Toutes les sociétés chantantes étaient ornées de secrétaires actifs, chargés d'une correspondance, qui reliait la France bachique en un seul faisceau, couronné de lierre et de pommes de pins, comme un thyrse d'Herculanum.

Marengo, Austerlitz, Friedland, Iéna, Wagram exécutaient leurs partitions de tonnerres sur le théâtre de l'Europe, avec des explosions formidables, comme les instruments saxifrages de nos jours n'en donneront jamais, et les caveaux allaient toujours leur petit train, sans s'émouvoir, et les *Almanachs des Muses, des Grâces, des Nymphes, des Bacchantes* enregistraient les meilleures chansons à boire, et se contentaient de payer à la circonstance belliqueuse un léger tribut de quatrains, dans le genre de ceux-ci :

> Rien ne plaît tant, aux yeux des belles,
> Que le courage des guerriers ;
> L'amour sous les lauriers ;
> Ne vit point de cruelles.

Autre :

### A M.\*\*\*, LIEUTENANT DE HUSSARDS, QUI DOIT ÉPOUSER MADEMOISELLE JULIE\*\*\*

Il faudrait choisir une fleur
Pour cet hymen qu'on vous propose ;
C'est pour l'amour et la valeur
Qu'on inventa le LAURIER-ROSE.

Les sociétaires du Caveau étaient tous des hommes mûrs, exemptés de la conscription, jouissant d'une santé fraîche et sachant Parny et Pigault-Lebrun sur le bout du doigt. On tenait douze séances par an chez un restaurateur, à six francs par tête. Le préfet et le sous-préfet, membres de droit, daignaient assister à ces douze séances, et honorer les refrains d'un sourire grave mais amical. Les premiers services n'étaient troublés que par le carillon argentin des fourchettes et de la porcelaine ; mais, le dessert venu, on portait un toast au président avec du vin d'Aï *à la mousse petillante*, et c'était alors une explosion de couplets, de refrains, de fausses notes à désarçonner tous les ténors *sfogati* de la division italienne qui combattait sous nos drapeaux.

Ces hommes des caveaux, ces bourgeois si calmes le matin, ces paisibles industriels si pompeux dans leurs comptoirs, devant leurs commis, arrivaient, le verre en main, au paroxysme de l'exaltation; ce n'étaient plus des citoyens français; ils se nommaient eux-mêmes de *francs ribauds*, de *bons drilles*, des *fils d'Épicure*, des *païens fieffés*; ils *narguaient* tout; ils disaient *foin* de tout; ils narguaient même *le diable et ses cornes*, parce que *la vie a des bornes*; ils disaient même *foin de l'austère sagesse*, parce que *Bacchus les plongeait dans l'ivresse*; ils préféraient les *glougloux de la bouteille* à Vénus, et *ils avaient l'audace de le lui dire en face*, car *ils narguaient aussi la mère de l'Amour, dans cet heureux séjour*; ensuite ils *sablaient le tokay*, ils *sablaient l'aï*, ils *sablaient le falerne*, ils *sablaient le nectar*; que ne sablaient-ils pas, ces intrépides sableurs et avec des refrains merveilleux d'esprit : *Dig, din, din, din; Urlurette, ma tante Urlurette; Biribi, à la façon de Barbarie, mon ami!* Et on cassait les verres avec la lame des couteaux; on rougissait les nappes d'un vin mal sablé ; on s'encapuchonnait de serviettes pour parodier les moines du *Lutrin;* on portait des *santés* à Bacchus, inventeur du *jus de la treille;* on insultait le père Noé, qui buvait de l'eau pendant le déluge; on encensait Ganymède, *l'échanson divin, qui verse le vin, dans le sein des dieux, au fin fond des cieux*. Vainement le préfet essayait de modérer, d'un geste paternel, le délire des enfants du Caveau. La bonne et vieille gaieté française narguait aussi la semonce inopportune du magistrat; on lui répondait par de plus *gais flonflons*. Ah! les *gais flonflons!* en consommaient-ils dans ces séances, lorsqu'ils buvaient du *nectar* de Jupiter, à dix sous le litre, l'écot ne dépassant jamais l'écu de six francs, le bordeaux cher n'étant pas inventé.

    Célébrons,
   Dans nos gais flonflons,
   Le jus de la treille,
   La liqueur vermeille;

    Qu'ils sont doux
    Tes glouglous,
   O dive bouteille!

    Foin de Vénus,
    Vive Bacchus!
Ce dieu qui fait tourner les têtes;
Chantons, que nos coupes soient prêtes!
O Bacchus! nous te célébrons
  Dans nos gais flonflons!

En sortant de la séance mensuelle, le préfet disait à son neveu :

— Peste! ils ne m'y reprendront plus avec leurs gais flonflons!

On le reprenait encore à la séance du mois suivant.

Ainsi chantaient tous les Caveaux de la France pour entretenir une gaieté funèbre, qui m'eût fait regretter le cercueil égyptien, promené autour de la table du festin, lorsque le gouvernement constitutionnel, apporté d'Angleterre, fit ses débuts sur les bords de la Seine et enterra tous les caveaux.

L'homme sérieux fut inventé!

Le gouvernement constitutionnel se réserva le privilége de l'*hilarité générale,* mais sans aucune espèce de gais *flonflons.*

Les petites ambitions départementales prirent naissance à cette date; les gais buveurs, les francs ribauds, les bons drilles devinrent des électeurs influents, rêvèrent le fauteuil municipal, cantonal, départemental, et même la tribune aux harangues, et la députation. La fine fleur des bons drilles se fit économiste, et médita Malthus et Say. La chanson devint politique et sérieuse. Il y eut bien encore çà et là quelques francs buveurs électoraux restés fidèles à Bacchus, qui s'enfermaient dans des catacombes pour célébrer le *jus de la treille* à huis-clos, et entretenir le feu de

Vesta de la vieille gaieté française; mais la *Minerve* y mit bon ordre, et Benjamin Constant, quoique Suisse, porta le coup de grâce aux caveaux clandestins et ferma la dernière bouche ouverte pour les *flonflons*. Presque tous les bons drilles prirent des lunettes vertes et lurent les titres de tous les articles sérieux qui arrivaient, traduits de la revue d'Édimbourg; *le Défrichement de la Nouvelle-Hollande; — de l'Influence du commerce sur la marine militaire; — Tacite, et le gouvernement des trois pouvoirs chez les Germains; — la Culture du colza et du houblon, considérée sous le rapport des habitudes nouvelles de l'agronomie. London, 31, Soho-Square, by reverend Phelipps Luxton.* En sortant du cabinet de lecture, l'ex-drille marchait avec une gravité sacerdotale, et cherchait, sous ses lunettes, une série ambulante d'électeurs, pour leur dire, d'un ton magistral :

— Je viens de dévorer un excellent article sur le gouvernement des trois pouvoirs chez les Germains : je vous conseille de lire cela.

Les électeurs ne suivaient pas le conseil, mais ils se retiraient édifiés, et se promettaient bien *in petto* de donner leurs voix à un homme si mortellement sérieux.

La vieille gaieté française, ainsi désertée par ses vieux champions, pour cause électorale, aurait pu revivre chez la jeunesse, qui, voyant l'éligibilité renvoyée à l'âge quadragénaire, c'est-à-dire aux Calendes grecques, pouvait profiter d'un si long entr'acte pour restaurer la nappe paternelle, exhumer quelque caveau çà et là, et mêler aux échos parlementaires les gais refrains des vieux *flonflons;* mais une littérature nouvelle vint à surgir, et on désespéra d'une réaction en faveur de Bacchus. Lord Byron fut intronisé, en buste, dans la boutique de bois du libraire Ladvocat, et enleva ses dernières chances au dieu de la treille. Le bon et à jamais regrettable Charles Nodier, qui, comme presque tous les royalistes, travaillait innocemment à la chute de la royauté; Charles Nodier, qui, avec son esprit merveilleux, pouvait créer une nouvelle gaieté française plus amusante que la première, Charles Nodier subit l'influence du souffle byronien, et mit au monde *Jean Sbogar.* O jeune génération vivante! tu ne connais pas *Jean Sbogar!* Reste dans ton ignorance à cet endroit, et cours t'instruire ailleurs. Il y avait, dans ce livre, cette phrase écrite par le plus intelligent et le plus doux des conservateurs : *Si je tenais le pacte social dans mes mains, je n'y changerais rien, je le déchirerais.* La jeunesse d'alors, placée entre *le Corsaire* de Byron et le *Jean Sbogar* de Nodier, se vieillit en vingt-quatre heures par le procédé inverse de la fontaine de Jouvence. Une sombre mélancolie rida les fronts de vingt ans. L'avril de la vie se fit janvier. Les poëtes millionnaires entonnaient des hymnes au désespoir; les élégies pleuvaient à torrents; on ne lisait partout que des vers comme ceux-ci :

> Mon Dieu! que la vie est amère,
> Avec ses chagrins étouffants!
> Quel mauvais service une mère
> Rend, de nos jours, à ses enfants
> Oh! qui m'emportera vers les sphères sublimes!
> Que la vie est triste à vingt ans!
> Mourir c'est le bonheur! la terre a trop de crimes,
> Ce monde n'a plus de printemps!

C'était en prose et en vers une invitation générale au suicide; on avait donc trop progressé depuis les gais flonflons; on ouvrait partout des caveaux, mais funèbres; on se rendait poitrinaire en avalant une décoction d'alexandrins. Sous le lustre des salons, les jeunes gens, coiffés en saule pleureur et mélancoliquement posés à l'angle de la cheminée, méditaient sur les moyens de se faire corsaires, comme

Lara, ou de déchirer le pacte social, comme Jean
Sbogar. On savait par cœur tous les vers que les don
Juan ont écrits contre la vie, les illusions, l'amour,
les femmes, la jeunesse; on se les récitait, au dessert,
traduits par Defaucompret, en ayant soin de prononcer *Baïrone;* la nostalgie gagnait du terrain chaque
jour et devenait épidémique; sur tous les môles
de nos ports de mer, les jeunes gens choisissaient,
d'un œil sombre, des bricks et des avisos pour les
noliser avec l'héritage d'un oncle malade, les lancer
vers un archipel grec, embarquer une Médora déguisée en matelot, gagner à la voile une île déserte,
prendre le pacte social à deux mains, le déchirer en
mille morceaux, et vivre d'abordages, de salaisons, de
lait de chamelle et de racines grecques, aux dépens
des odieux publicains et des farouches oppresseurs.
*C'en était fait*, comme dit la tragédie, *c'en était fait*
non-seulement de la bonne et vieille gaieté française,
mais encore de toutes les gaietés possibles, si le vaudeville national n'eût pas protesté contre la réaction
avec le furieux unisson du charivari de ses grelots.
La sagesse antique nous a vainement légué son proverbe *rien de trop*, nous continuons à faire abus de
toute chose, de la maladie et du remède, des révolu-

tions et des réactions. Sans doute il y avait eu abus dans la manifestation bachique ou obscène de la vieille gaieté française; il était bien triste de voir quarante hommes graves, pères conscrits d'un département, célébrer douze orgies périodiques, avec des refrains doués de cette stupidité nauséabonde et de ces formules d'argot qui obtiennent si facilement chez nous le privilége de l'universelle circulation; il était encore plus triste d'entendre ces hommes, après leur *Tante Urlurette*, leur *Barbari, mon ami*, et leurs gais flonflons, réciter un chant de la *Guerre des dieux*, un conte de La Fontaine, une ode de Chaulieu ou une autre ode inconnue, d'Horace, pendant que leurs jeunes fils ou neveux rougissaient de sang tous les champs de bataille de l'Europe, mangeaient du pain noir, et ne *sablaient* que l'eau saumâtre des fleuves allemands; mais la réaction fut exagérée, comme toujours; on ricocha d'un pôle à l'autre; on passa de la bacchanale au *requiem*, du lierre d'Érigone à la verveine de Norma. *Vivons!* chantaient les pères, *Mourons!* chantaient les enfants.

La joyeuse *Némésis* du vaudeville se leva pour faire justice d'une réaction si élégiaque, et, à son tour, elle dépassa d'abord le but. Potier, artiste-satire, revêtit le costume de l'Allemand mélancolique, chaussa des bottes hongroises, se composa une figure où il parvint à maigrir encore sa maigreur, et livra aux éclats de rire bouffons les tendresses exquises et les ardeurs contenues de Werther. Le suicide d'amour eut sa parodie. Saint-Preux, Wolmar et Julie; Werther, Charlotte et Albert furent représentés par Potier, Brunet et une vaste actrice, qui ne pouvait pas dire, comme dans la tragédie, *mes faibles appas*. Ceux qui ont vu cette étourdissante moquerie des nobles sentiments et des tristesses de l'âme, affirment que le vaudeville trop vengeur était un chef-d'œuvre infernal, et que Potier semblait avoir pour toujours enseveli l'élégie amoureuse sous le trottoir des Variétés.

Le gai sacrilége devait encore aller plus loin, avant de ramener la gaieté française dans les limites honnêtes, charmantes ou bouffonnes que le vaudeville s'impose aujourd'hui.

Les hauts critiques avaient livré aux risées des Enfants du Caveau Atala et René, de Chateaubriand. Ils s'étaient égayés follement sur le nez du père Aubry; sur la *terre antique répandue sur un front de dix-huit printemps;* sur *l'orage du cœur est-ce une goutte de votre pluie?* sur le *ventre argenté des poissons*, sur *les îles de pistia* et de *nenufar;* sur *le pendule de la grande horloge des siècles,* et sur d'autres phrases du même genre, qui paraissaient, en les isolant, le comble du ridicule aux aristarques du bon goût. Des colonnes du journal, la critique descendit aux colonnes du théâtre. *Atala* fut jouée au théâtre des Variétés; l'auteur des *Martyrs* fut livré aux bêtes; Potier, fort innocent d'ailleurs dans cette affaire, jouait Chactas; Flore jouait Atala. Mais le succès de Werther ne se renouvela plus.

La jeunesse littéraire se révolta contre un sacrilége qui menaçait de devenir chronique et dont l'exemple avait été malheureusement donné, au dix-septième siècle, par l'ignoble poëme du Virgile travesti, de l'infâme Scarron. Si la gaieté française avait eu besoin d'être entretenue par les misérables parodiens de toutes les choses saintes, depuis les amours de Didon jusqu'aux amours de Virginie et d'Atala, ces deux filles indiennes de Bernardin de Saint-Pierre et de Chateaubriand, il eût cent fois mieux valu nous ramener aux caveaux: les *Flonflons,* les *Dig-Din,* les *Glougloux,* les *Biribi, mon ami,* les *Jus de la Treille,* ne sont après tout que d'innocentes platitudes, chantées par de très-honnêtes gens d'autrefois, la profanation du génie n'y est jamais introduite comme élément de folle gaieté.

Il serait bien temps, en 1855, au siècle de la vapeur et des chemins de fer, au siècle où les écluses de Suez et de Panama s'écroulent et rendent tout le monde voisin de tout le monde, il serait bien temps d'en finir avec cet éternel éloge du passé dont Horace se moquait, il y a vingt siècles, *laudator temporis acti.* Oui, la gaieté française vit encore, malgré l'enterrement des caveaux et le déluge des élégies. La haute comédie a peut-être pris un masque trop sombre, désespérant de lutter, grâce aux susceptibilités modernes, avec les petits chiens éplorés des *Plaideurs* et les gaillardises médicales de la comédie italienne ; mais le vaudeville, gradué sur tous les tons, depuis le sourire fin du Gymnase jusqu'à l'éclat fou du Palais-Royal, épuise chaque soir la gamme de la gaieté française et la renouvelle le lendemain. Notre vaudeville moderne compte une foule de chefs-d'œuvre, sans modèles chez les étrangers, et qui charment les ennuis, non seulement des bourgeois indigènes, mais des colons et des créoles des deux Indes et des Archipels lointains. Sans le vaudeville parisien, on ne sait pas trop ce que deviendrait le public équinoxial, dont la nuit précoce commence à six heures du soir. Les *Saltimbanques*, *la Chanoinesse*, *l'Ours et le Pacha*, *l'Homme blasé*, *Riche d'amour*, *les Mémoires du diable*, *les Cœurs d'or*, *l'Étourneau*, *le Tigre du Bengale*, et vingt autres chefs-d'œuvre du genre, ont rendu plus de services à l'humanité que tous les Mémoires et poëmes couronnés par l'Institut. Quand l'orateur de Versailles déplorait *l'inexorable ennui qui désole le monde*, il n'y avait pas, dans les cargaisons des navires du Havre, de Bordeaux, de Nantes, de Marseille, un colis spécial, apportant des trésors de gaieté, en vaudevilles, aux rives d'Alger, à Odessa, à Sébastopol, à Saint-Pétersbourg, à Moscou, en Amérique, à l'île de France, à Madagascar, à Bourbon, à Calcutta, au Malabar, au Coromandel, à Lahore et même sur les théâtres bourgeois, à paravents de Chine, qui s'improvisent sur les dix étages de cette Babel de la nature qu'on appelle l'Hymalaïa.

Mon intention, toutefois, n'est pas de donner au vaudeville la prééminence sur notre riche et haute littérature dramatique contemporaine. Je me borne à vouloir prouver que, par sa nature facile, son exploitation commode, son allure leste, le vaudeville peut aller partout, peut se jouer sous la hutte du défricheur, sous la tente du soldat, et même dans une île déserte, entre Robinson et Vendredi. Comme hygiène morale et universelle, le vaudeville entre dans la pharmacopée des cinq parties du monde. Il n'en est pas de même de nos autres chefs-d'œuvre lyriques et dramatiques. On *monte* plus aisément, à Pondichéry et à Chandernagor, *l'Ours et le Pacha* que *Guillaume-Tell; Croque-Poule* que *le Demi-Monde; le Tigre de Bengale* que *la Conscience*. Il y a partout des diminutifs de nos comiques du Vaudeville, des Variétés, du Palais-Royal; partout des faces artistes, qui fouillent le rire avec des nez d'un aquilin paradoxal ; partout de béates figures de maris, sollicitant une épithète; partout des bouches fendues pour laisser passer le verbe nasillard et bouffon; mais la nature railleuse, si prodigue en toutes les choses, a créé une absence infinie de ténors, de barytons, de Rachel, de Frédérick-Lemaître, de Regnier, de Samson, de Provost, de Mélingue, de Bocage, de Tisserant, de Dupuis, de Berton, de Lesueur. Voilà ce qui fait de notre vaudeville l'amusement du monde connu et inconnu, et le jour où il voudra bien corriger quelques légères fautes de sa syntaxe, il aura l'honneur d'apprendre le français à l'univers. Alors, du détroit de Behring au cap de Horn, d'Alger à la baie de la Table, du Caucase à Ceylan, personne ne regrettera la bonne et vieille gaieté française, les disciples de Bacchus et la clef perdue des caveaux.

C'est donc par le Vaudeville que je me propose d'inaugurer la mission nouvelle que d'amicales et honorables instances m'ont fait accepter, car il y a quelque péril à remplacer le brillant écrivain, le savant philologue et l'éminent critique qui a tenu ce feuilleton avec tant d'éclat; enfin, la résolution est prise, et, sans cesser d'être producteur, je rentre avec plaisir dans mon premier métier, dans cette chaire de critique que mon ami Soulé, aujourd'hui ambassadeur des États-Unis, osa confier à ma mansarde et à mes vingt ans. Il est toujours bon de se rajeunir de quelque manière. Né pour admirer les autres, ma critique naissante loua beaucoup et ne dénigra aucun talent : elle osa même commettre ses premiers paradoxes en défendant les illustres poëtes et les glorieux compositeurs de cette époque; un peu plus tard, elle poussa même l'abus de la hardiesse jusqu'à donner le nom de chefs-d'œuvre à *Moïse* et à *Guillaume Tell*, lorsque les savants ennemis des paradoxes soutenaient que « Rossini ne serait jamais qu'un léger discoureur en musique. » Les mêmes disaient aussi, à cette époque, avec l'autorité de leur nom, à propos du *Dernier chant de Child-Harold* : « M. de Lamartine et *Child-Harold !* il nous semble voir un sot moine osant toucher à la lyre du grand Byron ! » Cet hiver, aux Italiens, pendant une représentation de *Sémiramide*, l'ambassadeur des États-Unis, M. Soulé, traversant Paris, incognito, me rappelait l'article de sa Revue où j'avais défendu l'admirable poëme si injustement attaqué par les forts. Hélas ! depuis cette époque, j'ai eu le malheur d'apprendre beaucoup de choses, et pourtant ma science nouvelle, tout en me faisant regretter mon ignorance, n'a pas changé mon naturel. Dans la Vénus de Médicis, je ne verrai jamais que la beauté radieuse ; d'autres perceront le marbre pour montrer le squelette. Il n'y a point de chef-d'œuvre en ce monde, dans l'acception absolue du mot. La terre a deux pôles de glaçons ; le mois de mai a son petit hiver. Homère dort quelquefois en plein midi ; Virgile n'a pas fini tous ses vers ; Euripide a souvent trop prolongé les siens ; Shakspeare bat la campagne de l'Avon par moments ; que font ces taches à ces soleils humains de notre monde ! L'*ubi plura nitent* du sage Horace doit être la devise du critique ; elle a toujours été la mienne ; elle m'a fait apprendre Virgile par cœur, malgré ses hémistiches suspendus, ses *ingens* trop fréquents, et son Énée trop pieux. Avec cette admiration pour les grands classiques morts, j'apporte aux œuvres des vivants la tolérance, la justice et le respect.

J'ai voulu choisir une épigraphe dans un poëme inédit sur la critique ; la première qui me tombe sous les yeux, me paraît inadmissible dans sa mansuétude exagérée ; la voici :

> Pourquoi vos morts font mal un livre ?
> Pourquoi vos vivants le font bien ?
> — Les vivants ont besoin de vivre,
> Et les morts n'ont besoin de rien.

Je préfère et j'adopte celle-ci :

> Malgré le Code Noir des censeurs trop savants,
> Donnons la palme aux morts et la vie aux vivants.

Oui, on a trop longtemps tué les vivants à coups de morts.

Soyons justes, mais humains envers les auteurs

et les artistes : respectons leurs susceptibilités souvent légitimes, tout en sauvegardant les intérêts du public. Pour quelques-uns d'entre eux la critique ne blesse que l'amour-propre, c'est peu ; mais pour bien d'autres elle tue la vie, c'est beaucoup. Il y a du pain et des termes à payer dans toutes les professions. Si toutes les industries parisiennes, depuis l'orfèvre jusqu'à l'épicier, subissaient hebdomadairement une seule critique injuste, perdue dans vingt éloges, il y aurait une émeute, à tous les coins, chaque lundi. On peut écrire, et souvent à tort, par erreur, ignorance, étourderie, mauvaise foi, qu'un auteur a fait un mauvais ouvrage et qu'un artiste a mal joué son rôle ; mais il est défendu d'attaquer le drap, l'étoffe, le châle, la marchandise quelconque d'un fabricant. Cela est admis, et cela doit être admis, parce que cette exception constitue la noblesse de l'art et lui donne la suprématie dans les pays intelligents. Mais la critique ne doit pas abuser du privilége de cette noblesse, et doit toujours se souvenir que, sous la griffe de l'injustice, les cœurs nobles saignent comme les cœurs roturiers.

L'expérience des arcanes du théâtre peut donner

aussi à la critique une tolérance éclairée et rendre sa plume circonspecte en mainte occasion. Celui qui n'a pas vu de près les offices où les exigences de l'art moderne élaborent une œuvre, dans les ténèbres des répétitions, ne jugera jamais convenablement cette œuvre.

Quant à moi, je ne puis me défendre d'une vive émotion toutes les fois qu'après la dernière mesure de l'orchestre, je vois lever le rideau pour l'œuvre nouvelle d'un confrère. Il m'est impossible de me faire public et de ne voir que la marche des aiguilles sans songer au labeur du mécanicien. Tout ce que le pauvre auteur a subi d'angoisses, de courses, de veilles, d'insomnies, de fièvres, de sueurs, se représente à mon imagination. Les âmes du purgatoire sont sur des roses; elles ne sont pas auteurs dramatiques. Je le vois, ce jeune martyr, copiant cinq fois son manuscrit et le lisant à sa mère, qui le trouve admirable et compte sur lui pour le loyer. Quatre termes s'écoulent, et bien davantage! L'ouvrage est enfin reçu. Les artistes ne sont pas tous enchantés de leurs rôles. Commence le supplice des répétitions; Sisyphe n'est qu'un joueur de paume. On psalmodie vingt jours les vers ou la prose du patient devant un quinquet oléophobe et un public, composé du pompier mélancolique, chargé de veiller aux incendies sous un casque romain. Un artiste n'est pas content de son entrée; un autre trouve sa sortie sans effet; celui-ci demande qu'on lui ajoute quatre lignes; celui-là exige la suppression d'un monologue comme faisant longueur, et, notez-le bien, je le dis avec toute la sincère conviction de l'expérience personnelle, ces artistes sont dans leur droit; ils défendent leur réputation et leurs intérêts, et presque toujours, pour ne pas dire toujours, ils ont raison contre l'auteur. Cette opinion me paraît si juste, que je n'ai jamais rien refusé aux artistes, ni suppression, ni addition, ni changement. Aucun d'eux ne me démentira. Après quarante ou cinquante répétitions, qui ont argenté quelques cheveux sur la tête du jeune Sisyphe, le grand jour vient, *venit summa dies*. C'est, en particulier, une miniature du jugement dernier. Il y a une histoire de loges, de places, de stalles, de journaux, de critiques, d'amis, d'ennemis, d'indifférents, une histoire de cinq heures au moins, où il faut dépenser plus de combinaisons pour adoucir, calmer, contenter, prévenir, concilier, que César n'en dépensa pour vaincre Vercingétorix.

Le rideau se lève ; l'exposition va se faire ; toutes les loges s'ouvrent, toutes les serrures grincent, toutes les lorgnettes s'agitent, toutes les ouvreuses crient, tous les amis se saluent, tous les nez murmurent, tous les rhumes éclatent, tous les satins frissonnent, tous les petits bancs clapottent, tous les couloirs s'insurgent.

L'auteur agonisant dit au pompier :

— Mon exposition est perdue ! on ne l'entendra pas !

Le pompier le rassure d'un geste paternel. Hélas ! que peuvent les pompiers contre l'incendie du cœur un jour de première représentation ! L'auteur est là voyant partout la Critique, ce tigre hebdomadaire, *quærens quem devoret.* Quelle agonie !... J'ai vu les amphithéâtres de Nîmes, d'Arles, de Vérone ; j'ai vu le Colisée de Titus, et souvent, assis sur leurs ruines, je me suis demandé si le gladiateur voué aux lions d'Hyrcanie et entendant grincer la grille sous la main du belluaire, avait subi les angoisses d'un jeune et même d'un vieux auteur un soir de première représentation !

Quand on a vu ces choses pendant vingt ans, on est prédisposé à l'indulgence, ou du moins à la justice, au respect, à l'impartialité : on ne blesse jamais personne; on applaudit le bon, on conseille le médiocre, et quand on a trop de mal à dire, on se tait.

---

# LE MÉLODRAME

## SES POMPES ET SES OEUVRES

En dehors des genres éternels et invariables, notre littérature dramatique fait une invention quatre fois par siècle. Nous sommes à la veille d'une invention. Il y a cinquante ans, nos pères virent naître le mélodrame en trois actes; la tragédie ne leur suffisait pas. On leur jouait *Mérope, Alzire, Tancrède, Rhadamiste, Sémiramis, l'Orphelin de la Chine, Adélaïde Duguesclin, Gabrielle de Vergy, Hamlet, Abufar, Othello, Zaïre, Atrée et Thyeste.* Eh bien, ces bons pères n'étaient pas satisfaits de tant de chefs-d'œuvre: un homme de génie se leva sur le boulevard et créa *Rosa, ou l'Ermitage du torrent.*

Ce fut une révolution et une révélation.

Intrigue simple comme un I sans point. Une fille malheureuse, un torrent, un troubadour avec des plumes, un rival odieux, un ermite consolateur et philosophe. On se mariait; mais que de peine pour arriver à l'autel! il fallait traverser cinq fois le torrent sur un pont large comme la main.

Le succès fut sans pareil. Il n'y avait alors qu'un seul critique; on attendait son lundi avec une impatience bien naturelle. Ce lundi résuma ainsi son opinion: « Le mélodrame, c'est-à-dire l'action combinée avec la musique, est une heureuse imitation du théâtre grec. Cette tentative mérite son succès. L'auteur s'est inspiré de Sophocle et d'Euripide. *Macte animo!* »

La critique n'en disait alors jamais davantage: quatre lignes d'analyse concise et une citation, ordinairement *macte animo* ou *utile dulci;* mais que de profondeur et d'érudition dans cette énergique brièveté!

Les imitateurs de Sophocle et de la mélopée grecque se mirent à l'œuvre sur toute la ligne du boulevard. La seconde merveille éclose se nomma *Gaëtano, ou les Souterrains de Mazzini.* Cette fois, au lieu de s'inspirer de Sophocle, l'auteur avait pris pour modèle Anne Radcliffe et le roman de ce nom. Le succès dépassa celui de *Rosa*; il y avait entre le père et le fils une scène qui donna vingt minutes de frisson au public ; la scène où Mazzini, racontant l'apparition d'un spectre dans la tour du château, s'écrie : « Quel est ce spectre? Je l'ignore. Est-ce l'ombre d'Oscar? réclame-t-il une vengeance? demande-t-il un tombeau? C'est ce que je ne veux ni ne peux même approfondir.... Respectez comme moi, mon fils, ces terribles mystères. Il n'appartient pas aux faibles humains de vouloir approfondir les effets surnaturels! Adieu! je vous quitte.... Minuit sonne! songez à votre serment! »

Le critique avoua franchement qu'il avait frissonné comme la salle, en écoutant cet épouvantable récit de Mazzini. Et vraiment il y avait de quoi frissonner.

Alors commença l'ère du tyran, création inconnue du théâtre grec. Le tyran du mélodrame n'avait aucun rapport avec l'autocrate syracusain, qui était jovial, qui se couronnait de roses, proposait des énigmes, disait des bons mots, s'enivrait à table et ne tyrannisait personne. Le tyran du boulevard avait le visage toujours soucieux, le geste brutal, la démarche saccadée, et regardait tout le monde *d'un front inhumain*, comme le Polyphonte de Voltaire. Son costume ne variait pas ; il portait des bottines jaunes et molles, un pantalon ou maillot chair, un justaucorps chamois, une collerette à plis, une toque de velours noir, ornée de plumes, une longue épée de Damoclès. Il avait une voix de basse profonde, et donnait le *mi* au besoin. Le crime était son élément ; toutefois, il manifestait des remords à longs intervalles, surtout lorsqu'il avait enfermé une femme, depuis quinze ans, au fond d'une tour. Il s'écriait alors, comme dans le *Pont du Diable*, avec une voix désolée : « Il me semble la voir, dans le souterrain où ma main l'a plongée, me dire : « Toraldi, si t'aimer est un crime, hélas ! je » fus bien criminelle ! » Par une de ces bizarreries que la tyrannie seule peut concevoir, Toraldi enfermait pendant quinze ans, au fond d'un souterrain, les femmes qui l'adoraient. Aussi le judicieux critique contemporain, qui peut-être avait quelques méfaits de ce genre sur la conscience, disait-il à ses lecteurs : « Toraldi est le type de ces tyrans qui punissent l'amour aussi bien que la haine. C'est en fouillant profondément le cœur humain que l'auteur du *Pont du Diable* a trouvé le caractère de Toraldi. »

La création du tyran devait nécessairement amener la création du niais. « Le théâtre anglais, inconnu en France, *diviso orbe Britannos,* disait le critique, a probablement donné l'idée d'introduire le comique dans le drame sérieux. Nous ne nous en plaignons pas, tout en gardant au fond de nos cœurs un juste sentiment d'hostilité contre la perfide Albion. »

J'ai oublié, je ne sais comment, le nom du niais du *Pont du Diable;* mais on m'a dit qu'il passait pour le chef-d'œuvre des niais, et, à l'époque où je lisais et où j'apprenais par cœur, à mon insu, un recueil de mélodrames en trente volumes avec une collection de journaux contemporains, je me surpris moi-même donnant la palme à ce niais, si ingénieusement créé par l'auteur pour diminuer l'horreur excessive qu'inspirait Toraldi. Ce niais rendait de grands services à l'amoureux, un touchant personnage qui, poursuivi de monts en vaux par des sbires (il y avait beaucoup de sbires), s'écriait sur une colline : « J'aperçois enfin une chaumière ; puisse-t-elle renfermer un seul ami de l'humanité ! »

Chaque jour un progrès nouveau agrandissait le domaine du mélodrame ; le niais fit naître la ronde. Presque toujours la ronde était chantée au troisième acte, et par des villageois, amis de l'humanité. Le critique affirme que la ronde du *Pont du Diable* est un chef-d'œuvre. Voici le premier couplet :

> Mes amis, si nous devons croire
> Ce que l'on nous a tous appris,
> Parfois, quand la nuit est bien noire,
> On voit sur ce pont des esprits.
> C'est une chose épouvantable !
> Il en est plus d'un, ici-bas,
> Dont l'esprit ne reviendra pas
>     Sur le *Pont du Diable*.

« A la première représentation, dit le critique, le parterre, transporté d'enthousiasme, cria *bis* à ce couplet, et on ne pouvait se lasser d'applaudir. » Je le crois bien !

En ce temps-là florissait, rue Montesquieu, un homme de génie qui tenait sous sa plume toutes les émotions littéraires de la France. Il se nommait Ducray-Duménil. Jamais romancier n'eut une célébrité plus grande avec de plus petits formats, un papier plus gris et des têtes de clous plus typographiques. « Qu'il est intéressant, mon Victor ! » s'écriait le bon Ducray en fondant en larmes; et le lecteur pleurait aussi. « Enfants, si bons, si doux, qu'avez-vous donc fait aux hommes ? » Et le lecteur se demandait, avec des sanglots, ce qu'ils avaient fait aux hommes, ces enfants ? « Les malheurs de mon héros me font frémir, moi qui suis leur historien... Mais n'anticipons pas sur les événements ! » Et le lecteur sautait quatre pages pour anticiper. « O toit rustique du vieillard aveugle, qu'as-tu fait des hôtes vertueux que tu recélais dans ton sein ? » Et le lecteur n'avait pas de repos qu'il n'eût appris le sort des hôtes vertueux recélés dans le sein du toit.

Ducray-Duménil avait gagné trente mille francs de rente avec ces héros si vertueux ; le double de cette somme avait été encaissé par les contrefacteurs d'Avignon : Bruxelles n'existait pas.

Le public en masse demandait aux auteurs la translation scénique de tous les romans populaires qui avaient épuisé les larmes du Directoire et contrebalancé le succès de Marengo.

Un autre homme de génie se leva, l'illustre Guilbert de Pixerécourt, surnommé le Corneille du boulevard. Les grands hommes ne manquent jamais aux grandes circonstances.

Guilbert prit à deux mains tous les romans de Ducray et les arrangea en trois actes, avec des tyrans, des niais, des rondes et des phrases comme les oreilles du public n'en entendirent jamais. Encore aujourd'hui, le boulevard du Crime tressaille lorsqu'en passant, je lui fais entendre une tirade de *Cœlina*, qui fit la réputation de Stockleit, le Talma du mélodrame-Pixerécourt. Selon mon usage, je citerai cette phrase de mémoire, et je ne crois pas faire une erreur d'un seul mot: « Entendez-vous les sifflements aigus de cet ouragan furieux qui renverse vos édifices, brise vos arbres, détruit l'espoir de vos récoltes? C'est l'image de la désolation qui vous poursuit sur la mer orageuse de la vie; c'est l'emblême du sort qui vous plonge dans l'abîme au moment où vous croyez toucher à la félicité! »

Le critique s'agenouilla devant cette phrase et dit: *Macte animo!*

Alors apparut en scène, traduit du roman, *Victor, ou l'Enfant de la Forêt*. Le *ou* était indispensable dans un titre. Il n'y avait pas de succès sans le *ou*. Ducray, qui s'écriait toujours, selon l'usage exclamatif de l'époque, s'était écrié, à propos de son Victor: « Qui le consolera, l'infortuné?... Sa vertu! » Guilbert de Pixerécourt respecta, dans son mélodrame, le programme donné par le romancier, et, après avoir abreuvé Victor de dégoûts, il le consola par la vertu. Le critique s'extasie devant l'admirable scène où madame Wolff crie à Victor : « Malheureux ! tu vas tuer ton père ! » En effet, ce bon Victor allait tuer Roger d'un coup de cimeterre. Il y avait des cimeterres en cet heureux temps.

On vit ainsi arriver ensuite, et avec des succès inouïs, *le Pèlerin blanc ou les Orphelins du hameau*, avec *la Châtelaine sans nom*. Quelle châtelaine ! et comme elle détestait bien Laurence, la mère des orphelins ! Et qu'il était hideux, Roland, son vil mercenaire ! Rien de naturel et de gracieux comme les scènes rustiques du hameau d'Olival, où les paysans provençaux disaient : « Dame ! le père Simon est un bon drille. Tatigué ! j'avons un pot de cidre, et, ma fine ! les gens de cheux vous n'en feraient pas fi, morguenne ! » Heureuse imitation des mœurs provençales, si bien observées par Ducray-Duménil, qui n'était jamais sorti de Paris, selon l'usage des moralistes voyageurs de son temps. Après arrive *l'Enfant du Mystère*, regardé comme un chef-d'œuvre par les lundis contemporains. Cet enfant est le père de tous les mystères qui ont depuis désolé nos opéras et fourni prétexte aux quatuors et aux finals éternels :

*Quel est donc ce mystère ?* Tout se lie, tout s'enchaîne, dans la grande histoire de l'art. *Fatal moment! cruel mystère!* chante Robert, ce prince des niais, en arrivant sur le sommet d'une montagne, à minuit, en Sicile, et sans chapeau. *Voilà donc ce mystère!* chante le chœur de *la Muette de Portici,* en voyant que le viceroi a séduit une marchande de poissons. *Quel mystère!* s'écrie Gaveston en *cachant bien sa rage et sa fureur* aux Écossais. Et toujours ainsi jusqu'à la mort des opéras, ces meurtriers lyriques et impunis des pauvres ténors! Ducray-Duménil et Guilbert de Pixerécourt ont ouvert cette mine. Leur *Enfant du mystère* a fait couler sur le boulevard un fleuve de larmes et créé le Château-d'eau. Il y avait là un Truguelin, vrai modèle des scélérats accomplis, un bandit féroce, représenté au théâtre par l'artiste le plus honnête du monde, et qui a failli cent fois être égorgé par le peuple, à minuit, lorsqu'il sortait enveloppé d'un carrick par la porte des répétitions.

Truguelin, dit le critique, était à peindre lorsqu'il prononçait devant Francisque, le muet vertueux, ces terribles paroles: « Je n'ai qu'un mot à dire, et ce mot... je ne le dirai pas. » Tout Paris a gardé, pendant dix ans, une haine sourde contre cet infâme

Truguelin. Où avez-vous trouvé ce nom si beau ? demandait un jour Guilbert à Ducray. Ducray prit un air sombre et désigna la terre.... Ce nom lui avait été soufflé par l'enfer. Guilbert frémit. On frémissait beaucoup en cet heureux temps.

Nous arrivons à *Célestine ou les Époux sans l'être.* Comment, sans l'être ? Ceci est un mystère. Malheur à qui l'expliquera ! Truguelin est dépassé. Voici le traître Razzoni, un Italien, qui est furieux parce qu'il a reçu un coup de pistolet dans les ruines de Tivoli. C'est d'Ormeville qui sera l'éternelle victime de Razzoni. Au moment d'épouser Célestine, il ne l'épousera pas : toujours des spectres, des fantômes ou des bandits masqués lui enlèveront son épouse et lui crieront à l'oreille : « Souviens-toi des ruines de Tivoli ! » On ne peut se faire une idée de ce Razzoni dans notre littérature actuelle. C'est un homme prodigieusement riche, qui remue les millions comme des centimes, et ne s'en sert que pour empêcher d'Ormeville d'épouser Célestine. Un jour cependant, ce mariage impossible se fait. Les deux amants sont unis au pied des autels, comme dit Mérope; ils ont oublié leurs infortunes, et, le soir, ils s'enferment dans leur chambre nuptiale, au fond d'une tour, —

les héros des mélodrames n'habitaient que des tours.
— D'Ormeville et Célestine avaient bien le droit de se croire mariés.... Hélas! Razzoni veillait!... A minuit, une trappe s'ouvre, quatre sbires masqués se précipitent dans la chambre. D'Ormeville en tue deux; c'est tout ce qu'il pouvait faire; les deux autres enlèvent encore Célestine et crient, selon leur coutume : « Souviens-toi des ruines de Tivoli! » J'ai retenu, entre autres phrases, cette maxime de Célestine : « Voulez-vous savoir ce que peuvent faire l'amour, la haine, la vengeance? Mettez ces passions dans le cœur d'un homme puissant. » C'est le mot profond de Sénèque : *Da posse quantum volunt.*

Le mélodrame fit encore un pas avec *Tékéli ou le Siége de Montgatz.* C'est alors qu'on inventa les combats à deux, à quatre et même à six. Voici comment la chose se passait : le chevalier et le traître se rencontraient au troisième acte et s'apostrophaient ainsi : « Je te cherchais. — Moi aussi. — Ma vengeance est prête. — Moi aussi. — La foudre va éclater. — Je la brave. — Défends tes jours! — Tremble pour la tienne! »

Cette dernière ellipse annonçait déjà la fameuse phrase moderne : « Êtes-vous musicien? — Non, je la déteste, » ou encore ces beaux vers de *Robert* :

Perdu, déshonoré,
Je n'espère qu'en toi ; du moins, tu l'as juré.

Aussitôt le chevalier et le traître se séparaient brusquement, mettaient l'épée à la main et, la jetant dans la coulisse, ils ramassaient un sabre de fer, très-court et très-innocent. Avec cette arme ils établissaient un *tic tac* régulier et symétrique qui divertissait le public et ne l'effrayait pas. Cela durait cinq minutes, et le traître tombait, percé par un gant crispin, en disant : « J'ai mérité mon sort ; le ciel est juste! » Le chevalier vainqueur reprenait sa véritable épée dans la coulisse, ouvrait la porte du souterrain de la tour, et conduisait la belle prisonnière *aux autels de l'hymen*. Un jour, l'affiche annonça que madame Maucassin, femme de Tékéli et gouverneresse de la citadelle de Montgatz, se battrait des deux mains sur les remparts. Le théâtre fut bloqué à midi. On fit salle comble. Madame Tékéli prit deux sabres de fer-blanc noirci et s'escrima d'estoc et de taille pour attendre son mari, que le meunier Conrad lui apportait dans un sac de blé. Le théâtre n'a jamais rien vu de si beau. On accompagna triomphalement madame Maucassin jusqu'à sa demeure, rue Boucherat. Le lendemain, on ne parlait que de *Tékéli*; la pièce eut deux cents représentations. « Le *Siége de Montgatz*, dit le critique, est une pièce historique, empruntée à l'histoire de Hongrie et à M. Pigault-Lebrun. Le public s'y instruit et s'y amuse; *utile dulci*. Nous aimons à voir le mélodrame entrer dans cette nouvelle voie, qui est un progrès. » On mit dans *Tékéli un combat à six*, ce qui porta l'enthousiasme et la recette au comble. Impossible de peindre l'intérêt que le public attachait à ces combats de carton, dans une époque où soixante-dix escadrons faisaient trembler la terre sous une charge à Eylau; où le colonel Lepic traversait deux fois l'armée russe avec quatre cents cavaliers. Bagatelle! on admirait madame Maucassin remuant deux petits sabres de bois dans *Tékéli*.

*L'Aveugle du Tyrol* n'obtint qu'un succès médiocre; il n'y avait pas un *ou* dans le titre. Cette innovation déplut au public. Le niais faillit sauver la pièce par un bon mot. Au milieu d'une scène émouvante, lorsque des sbires cherchaient l'aveugle du Tyrol, le niais s'écrie, en riant : « Ça m'amuse, moi, les visites! » On attendit un second bon mot; il n'arriva pas. L'auteur s'était épuisé avec le premier. *Hariadan Barbe-*

*rousse,* également privé *d'ou,* n'obtint pas les sympathies du public. Le pur mélodrame se releva dans *Montoni ou les Mystères d'Udolphe,* un vrai chef-d'œuvre, dit le critique, et digne d'être mis à côté de *Cœlina* et de *Victor.* Quel plus bel éloge ! Il faut l'avouer aussi avec justice, le roman, père du mélodrame, est un *capo d'opera,* comme disent les Italiens, un *masterpiece,* comme disent les Anglais, *Montoni,* c'est le beau idéal de laideur souterraine ; chaque page semble tourner avec accompagnement de ferrailles ; chaque ligne est sablée avec de la poudre de tombe ; chaque lettre est un œil éteint qui regarde le lecteur. Ce livre satanique, transporté au théâtre, devait obtenir un succès d'enfer.

En effet, on reçut avec enthousiasme ces héros de roman animés sur la scène : Montoni père et fils, Valancourt, M. Dupont, Ludovico, Laurentine, Émilie, Annette, tous les acteurs de ce drame effroyable, qui se déroule dans un manoir, sur la cime des Apennins. Ceux qui ont vu le succès de ce mélodrame regardent en pitié les succès d'aujourd'hui. Il n'y a plus de succès. L'enthousiasme est mort. L'actrice qui jouait Laurentine s'effraya elle-même de son rôle et tomba évanouie entre les bras de Valancourt, pâle sous le fard. Le public, saisi à son tour d'une terreur nerveuse, perdit connaissance et poussa des hurlements d'extase que les échos du succès n'ont entendus qu'une fois. Le critique chercha des formules d'éloges le lendemain, et, ne trouvant rien de digne, il se tut et fit relâche le lundi. Silence éloquent, que le public comprit tout de suite, et le drame eut deux cents représentations.

Le mélodrame historique devait tuer le vrai mélodrame ; c'est ce qui advint. Le niais et les tyrans avaient fait leur quart de siècle ; on voulut changer. Toraldi, Montoni et Truguelin restèrent longtemps sur la brèche et défendirent leur domaine en héros. O ingratitude ! ô inconstance ! ô public ! un soir, d'inconcevables éclats de rire eurent l'audace d'accueillir un combat à quatre dans *Tékéli !* Ce fut le signal de la débâcle. Pour comble de malheur, la même critique s'écria : « On ne sait vraiment de quelle manière expliquer le succès trop long de ce genre bâtard, nommé mélodrame, genre que le bon sens a toujours repoussé, que la sottise a toujours défendu. Offrir au public des crimes qui peuvent exister et des vertus qui n'existeront jamais est chose absurde et qui, tôt ou tard, devait tomber sous le mépris universel. »

Alors, sur les ruines des manoirs et les cadavres des tyrans et des niais, se leva *le Maréchal de Luxembourg*, toujours en trois actes, mais avec une prose nouvelle et sans le moindre crime. Ce fut une réaction subite. Le nouvel ordre des choses était lui-même une courte transition vers le drame en cinq actes, le drame moyen-âge, le drame illustré par nos premiers écrivains, le drame de cape et d'épée qui a duré aussi vingt-cinq ans. Le mélodrame illettré et le drame littéraire se sont ainsi partagé la moitié d'un siècle. Que créera-t-on demain ou après-demain? L'avenir répondra, si les sifflets des locomotives lui permettent de parler. N'importe ! les pères se sont bien amusés avec le mélodrame pendant un quart de siècle : pourquoi la chose qui a été en si haute estime chez les pères est-elle si ridicule aux yeux des enfants? Parce que les enfants ont dégénéré. Aujourd'hui le bon goût est perdu ; nous serions capables de siffler aujourd'hui Truguelin et de ne pas lire Ducray. Aussi, quelques hommes du passé, quelques vieillards oublieux, ont bien raison quand ils flétrissent la littérature de nos jours et le mauvais goût du moment. On peut prouver, pièces en main, que le mélodrame, tel que nous venons de le peindre avec une fidélité scrupuleuse, n'a pas fait exclusivement les délices d'une classe ignorante : c'était la littérature dramatique aimée de tout le monde, la passion de l'homme du faubourg et de l'académicien, du pauvre travailleur et du riche bourgeois. L'argent ne courait pas les rues, en ce temps, et la haute et la moyenne société pouvaient seules donner deux cents représentations à *Cœlina* ou à *Tékéli*. Voilà donc ce qui achève de démontrer la décadence du goût actuel et donne encore plus de crédit aux accusations des hommes du passé. Telle est la moralité déduite de cet article.

# UN CABARET DE TEMPÉRANCE

La tempérance est, comme chacun sait, une vertu qui a été inventée en Amérique. Si Christophe Colomb n'eût pas inventé l'Amérique, la tempérance restait dans le néant. Ce n'est pas dire que les citoyens si désunis de l'Union soient tous des Cincinnatus et des Curius Dentatus, mangeant des racines dans des écuelles de bois; mais il y a d'honorables exceptions réunies en société, qui ont greffé leur petite république sur la grande et ont confisqué à leur profit exclusif la vertu de la tempérance, après l'avoir découverte en dînant. Ces graves sectaires se rassemblent une fois par mois dans un *meeting*, et font une procession. Là, ils célèbrent la tempérance et la sobriété, comme on célèbre le champagne et l'amour dans nos vaudevilles; ils se réconfortent mutuellement dans leur vertu, mangent avec modération un rostbeef aux patates et ne boivent absolument que du bordeaux. Ils n'ont des esclaves que pour la forme, et ils aboliraient volontiers leur esclavage, s'il ne leur était défendu de donner la liberté à ceux qui ne l'ont pas.

La secte de la tempérance a traversé l'Océan et a débarqué à Liverpool. Une société d'abstinence s'est constituée dans le comté de Lancastre; elle a reçu le nom de *Titotal Abstinence,* parce que son fondateur était bègue. Si cela vous produit l'effet d'une énigme, je vais vous en donner le mot. M. Witead, brasseur ruiné, fut le premier qui se trouva sur le quai du dock de Trafalgar, lorsque la vertu de la tempérance descendit à Liverpool, en arrivant de New-York. M. Witead conduisit la vertu chez lui; elle était représentée par un gros négociant, très-rouge de teint, lequel se nommait Pickles. Cet Américain avait dans son portefeuille les règlements de la tempérance, il les donna généreusement à M. Witead, moyennant quinze livres, parce que tout se paye en Amérique et à Liverpool; d'ailleurs, on ne saurait jamais trop payer une vertu.

M. Witead emprunta les quinze livres à son voisin et se fit faire un reçu de M. Pickles. Les bons comptes font les bons amis, entre gens vertueux surtout.

Tout ce que Liverpool renferme d'hommes intempérants fut convoqué par des affiches au domicile de M. Witead. Personne ne vint chez le brasseur ruiné. Witead composa une bannière bleue, sur laquelle il peignit la vertu de la tempérance, et fit tout seul une procession dans *Castle-street*, à l'heure de la bourse : il chantait un cantique avec des chœurs.

En Angleterre, dès qu'un homme commence à faire quelque chose, il trouve tout de suite un certain nombre de désœuvrés qui le suivent pour passer le temps. En terminant sa procession, Witead se vit entouré d'une centaine d'hommes à jeun, qui s'étaient réunis à Witead dans l'espoir de dîner. Witead les introduisit dans sa petite maison de *Jordan-street* et leur dit :

« Frères, je vous ai convoqués pour partager avec vous le pain de l'abstinence. Le monde intempérant a les yeux sur nous; il faut le ramener au sentier de la vertu, par la tempérance et la so-

briété, ou pour mieux dire par la ti...to...ti...to...
ti totale abstinence. »

Je vous ai dit que M. Witead était bègue : arrivé
au mot *total*, il s'embarrassa dans les *t*, et ce ne
fut qu'avec une grande obstination de langue qu'il
parvint à l'extrémité du mot. Comme tout est sacré
dans l'origine des grandes institutions, il fut résolu
que le bégaiement de Witead passerait à la postérité la plus reculée, et le procès-verbal consacra
cet incident mémorable. Depuis ce jour, *Titotale
Abstinence* fut le nom sacramentel de la société.

Depuis trois ans, la secte de l'abstinence promène
ses vertus dans Liverpool. Elle a deux musiques et
quarante-deux bannières; elle fait annuellement un
*meeting*, une procession et un banquet. Trois cents
sociétaires ont été réunis, en si peu de temps, sur
une ville de trois cent mille âmes; on voit que la
vertu fait de rapides progrès à Liverpool. Malgré
ce zèle évident, Witead a subi des crises de dé-
couragement terribles; souvent il a parlé de renoncer
à la vertu, et il s'est fait rencontrer devant *Liver-
théâtre*, dans un état d'ivresse alarmant et sacrilége.
Les trois cents sociétaires se sont révoltés contre
l'intempérance et la faiblesse de leur chef, et par un

sentiment sublime ils ont juré, tous les trois cents, de s'ensevelir dans les thermopyles de la vertu, avant de donner à Liverpool un exemple d'apostasie qui la déshonorerait aux yeux de l'univers.

Cela n'empêche pas l'univers de dormir.

Toutefois, à force de sermons et de doléances, on est parvenu à arracher quelques concessions à Witead. Car Witead, tout adonné à l'intempérance qu'il était, n'entendait pas raillerie sur le chapitre des statuts fondamentaux : il n'aurait pas accordé un verre de whisky au plus altéré de ses sociétaires; il ne permettait de s'enivrer à l'anglaise qu'au banquet annuel. Le banquet fini, chacun était tenu de boire de l'eau de la rivière Mersey, sous peine d'être dénoncé à l'univers comme prévaricateur, ce qui aurait consterné le prévaricateur et l'univers.

Enfin, Witead se relâcha de sa sévérité en recevant la pétition suivante, traduite textuellement de l'anglais :

« Père, Babylone s'enfonce de plus en plus dans le bourbier. Les mages et les satrapes nous crachent au visage quand nous passons, parce que notre vertu fait leur honte et que nous sommes des miroirs dans lesquels ils se voient si laids d'abrutissement. Nos exemples ne recrutent personne; au contraire, nous sommes menacés de quelques défections bien cruelles; et si cela continue, vous resterez seul d'une société si florissante à son origine. Il faut que nous nous mêlions aux païens afin de faire des libations avec eux, et leur montrer que la *Titotale Abstinence* autorise parfois quelques légers excès de table et de boisson. C'est ainsi que nous retiendrons avec nous les tièdes, et que nous appellerons dans notre sein les âmes timides qui se laissent effaroucher par notre intraitable vertu. »

*Suivaient les signatures.*

Witead médita longtemps sur cette pétition; d'abord sa vertu fut tellement scandalisée, qu'il voulut licencier la Société comme empiétant sur ses prérogatives; mais il recula devant le scandale qu'une pareille mesure donnerait à l'univers. Witead prit un parti mixte: il décida qu'on ouvrirait deux cabarets de tempérance, l'un dans *Lime-street*, l'autre à *Williamson-square*. Mais de quelles liqueurs userait-on dans ces cabarets, voilà ce qui devint le texte des plus vifs débats et des plus mûres réflexions.

Il ne fallait pas penser au porter, à l'ale et à l'hafnaf, parce que la Société ne se composait à peu près que de brasseurs ruinés, qui prêchaient la tempérance pour ruiner leurs confrères. Le porto, le sherry et le whisky avaient reçu tant d'anathèmes en plein *meeting*, que c'eût été une honte de proclamer leur réhabilitation. Il faut pourtant boire, dans un cabaret, dit un membre. Cette réflexion parut d'une justesse extrême ; aussi chaque membre reçut l'ordre de composer une boisson vertueuse dans ses loisirs.

A la première réunion on apporta trois cents projets de boissons honnêtes ; une commission fut nommée pour les examiner séance tenante : chaque membre de la commission donna la préférence à la boisson qu'il avait inventée. M Witead tenait la sienne dans une fiole verte et n'en démordait pas. Il fut décidé qu'on admettrait trois boissons : le café, le porter et l'eau-de-vie. M. Witead avait inventé le café ; il monta à la tribune pour analyser son œuvre :

« Mon café, dit-il, se compose d'essence de rose, de jusquiame, de clous de girofle et de sésame torréfié. L'essence de rose parfume ma liqueur, la jusquiame lui donne une vertu opiacée, le clou de girofle un excitant modeste, et le sésame torréfié une belle couleur robe de capucin et une saveur de fève arabique délicieuse au goût. J'aurais bien désiré insinuer dans le tout une goutte de véritable élixir de café moka; mais alors mon café aurait été du café, c'est précisément ce qu'il fallait éviter à tout prix. En somme, tout élément peut entrer dans mon café, excepté du café. Voici ma fiole, je la livre à votre goût. »

La fiole passa de lèvres en lèvres, et les membres trouvèrent que la liqueur remplissait toutes les conditions imposées par la plus austère vertu.

M. Benwell remplaça Witead à la tribune, pour analyser son porter. Il commença par une diatribe furibonde contre le porter qui avait ruiné tant d'estomacs et de brasseurs honorables; il fulmina contre le *barclay-perkins*, qu'il compara au démon terrassé par l'archange Michel; il s'éleva avec non moins de force contre le *white-bread*, et engloba dans sa péroraison toutes les sortes de porters, sans excepter l'*hafnaf*, ce scélérat, dit-il, qui a une double face pour mieux tromper les crédules buveurs. « Mon porter, ajouta-t-il en adoucissant sa voix, mon porter est pur comme la source où s'abreuvaient

Adam et Ève au paradis terrestre; rien n'est plus simple que sa nature : je compose mon porter avec de vieilles clarinettes bouillies dans un chaudron, et assaisonnées d'un grain de chaux vive. Les clarinettes de buis remplacent le houblon perfide, et le grain de chaux vive ménage une mousse charmante qui plaît à l'œil et donne aux lèvres une douce titillation. Une seule clarinette suffit pour faire un tonneau de cent pintes. J'en dépose une fiole sur le bureau. »

Le porter de Benwell fut dégusté à la ronde et adopté avec enthousiasme; on affirma même qu'il remplacerait le chocolat du matin, et qu'on pourrait le manger avec une flûte.

L'inventeur de l'eau-de-vie se nommait Dowton, négociant failli, qui avait entrepris un commerce de liquides, et qui n'avait fait que de l'eau claire. Son indignation contre l'eau-de-vie éclata sans préparation oratoire : il compara cette liqueur au feu de l'enfer, à l'aspic de Cléopâtre, à l'acide prussique, au ver solitaire, à l'arbre upas. « Il faut, s'écria-t-il, qu'elle tarisse dans son urne, cette naïade du Phlégéton ! »

« Mon eau-de-vie, dit-il, se compose de trois éléments inoffensifs, l'eau de pluie d'abord, l'essence de cannelle et le miel rose. Le miel colore et donne une douce fermentation; l'essence de cannelle irrite innocemment la langue et le gosier; l'eau pluviale arrive ensuite, pour corriger, par son influence bénigne, tout ce que peuvent recéler d'hostile les deux autres ingrédients. Hier, j'ai bu trois pintes de mon eau-de-vie avant de me coucher, et j'ai fait des songes de chérubin. Prenez et buvez. »

L'eau-de-vie de Dowton fut accueillie avec une grande faveur.

On fit sur-le-champ une souscription pour acheter une suffisante provision de cannelle, de miel rose, de girofle, de sésame et de vieilles clarinettes. Un marchand facteur d'instruments offrit de déposer son fonds de boutique sur l'autel de la vertu et dans la brasserie de M. Benwell. Des larmes mouillaient tous les yeux. Que les hommes sont beaux dans ces moments!

Le 1er août 1837, les passants qui vont de *Rail-Way* à *Adelphi* remarquèrent, dans *Lime-street*, un café neuf et vide. On lisait sur l'enseigne: *Café de tempérance;* et aux deux coins, ces devises de la Société: *My God prosperi total abstinence. — Sobriety brings peace and domestic confort.* Les passants ne comprenaient rien à ces énigmes et passaient; mais quelques manufacturiers arrivés de Birmingham ou de Manchester, pressés par la soif et reconnaissant un café à sa devanture, entraient, s'asseyaient devant une table et demandaient du porter.

Alors un orgue invisible chantait l'air du cantique *My God*, avec des variations infinies; au bout d'un quart d'heure, un garçon tempérant, décoré du ruban blanc de la Société, apportait sur un plateau une pinte de porter Benwell au voyageur altéré.

On ne saurait dire combien de scènes orageuses ces consommations étranges ont suscitées, et combien de garçons tempérants ont été consommés par les poings robustes des voyageurs altérés de Birmingham. Chaque jour le café de la Tempérance était le théâtre d'une foule de catastrophes. *Lime-street* retentissait des énergiques jurements du manufacturier empoisonné par le porter Benvell, le café Witead et l'eau-de-vie Dowton.

Plainte fut portée à la police; mais la police répondit que chaque citoyen anglais était libre de composer des liqueurs, comme chaque citoyen était libre de les boire. « Mais, s'écrièrent les plaignants, si M. Witead nous empoisonne, que ferez-vous ? » La police, toujours calme, répondit : « M. Witead est libre d'empoisonner qui bon lui semble ; mais s'il empoisonne quelqu'un, on fera l'autopsie du cadavre, et l'empoisonnement prouvé, M. Witead sera pendu. »

Cependant M. Witead était menacé de disparaître comme Romulus dans une tempête ; son orgue avait été mis en pièces, les vitres de sa porte étaient brisées, les garçons ne se présentaient pas pour remplacer les démissionnaires éclopés par les cyclopes de Manchester ; une faillite s'élevait à l'horizon de la tempérance. En ces tristes conjectures, M. Witead demanda protection à la police. Ce cri de détresse fut entendu. On plaça deux *policemen*, armés de gourdins de fer, à la porte du café empoisonneur.

En France, deux gendarmes postés à la porte d'un lieu public, sont des enseignes vivantes qui proclament la vogue du haut de leurs chapeaux pointus. Les deux policemen du café Witead avaient un sens tout à fait opposé.

Dès qu'un voyageur faisait mine de tourner le

bouton de la porte de Witead, les policemen lui criaient en duo : « *Où allez-vous, sir?* » Le voyageur reculait en disant : « Je vais boire du porter. — On ne boit pas du porter ici, criaient les policemen, toujours en duo. — Eh bien! disait le voyageur, je boirai de l'ale. — Il n'y a pas d'ale. — De l'hafnaf. — Il n'y a pas d'hafnaf. — Alors, je ne boirai rien du tout, et je me reposerai. — On ne se repose pas. »

M. Witead ouvrait la porte d'un air furieux et chassait de son trottoir cet obstiné consommateur. Quelle énigme pour le consommateur!

Le soir, les sociétaires se réunissaient dans le café pour dédommager Witead de tant d'avances perdues ou aventurées dans ce commerce. Ils consommaient une énorme quantité de clarinettes, et se levaient en disant à Witead : « Père, mettez cela sur notre compte. Ils avaient soin de ne jamais payer; et chaque soir ils étaient exacts à ce rendez-vous de consommation, exacts surtout à ne pas donner un schilling.

A la fin du mois d'août, Witead rassembla ses enfants, qui étaient tous ses créanciers, et leur demanda des conseils et de l'argent : les sociétaires lui donnèrent des conseils avec un zèle vraiment filial ;. ils furent plus sobres à l'endroit de l'argent; ils demandèrent un délai de six mois. Witead les menaça de fermer le café de la Tempérance; on le défia de le faire : il courut à *Lime-street*, et trouva son café fermé par ordre du propriétaire : il protesta contre cet abus de pouvoir; pendant qu'il protestait, un *policeman* le saisit au collet et le conduisit en prison. C'est un crime, en Angleterre, de ne pas payer ses dettes et son loyer. Witead était doublement criminel. Il passa trois semaines en prison, emprunta de l'argent, paya ses dettes et rouvrit son café avec cet héroïque entêtement britannique dont nous n'avons pas d'idée en France. A cette heure, il se promène dans son café vide, et fait des discours sur la tempérance, qu'il se lit lui-même en attendant de les lire aux autres, le 22 juillet prochain, jour anniversaire de la fondation de la Société.

# PARADOXES POLITIQUES

C'est un homme de cinquante-huit ans, type français tiré à bon nombre d'exemplaires; son teint a une fraîcheur virginale, son œil est doux, sa parole calme, son geste absent. Il s'habille avec soin, au goût d'une mode disparue; il se promène de trois à six heures au boulevard, tenant, dans sa main gauche gantée, le gant de sa main droite nue; il a l'air de sourire aux passants, mais il se sourit à lui-même, en se souvenant, à chaque minute, qu'il est heureux et que les locataires de ses maisons payent leurs termes régulièrement. Il jette de nombreux coups d'œil aux objets de fantaisie étalés sous les vitres des boutiques avec l'espoir de se décider à l'achat d'un cadeau pour son neveu; mais il n'achète rien : en bien réfléchissant, il n'est pas très-content de son neveu. Ce sera pour une autre fois : l'autre fois n'arrive jamais : il aime mieux se payer provisoirement une stalle d'orchestre au... Oui, l'idée est bonne. Voilà la colonne des affiches de spectacles : il dit : « Voyons ! » et lit les titres des pièces, en les fredonnant sur un air inconnu. Rien ne l'a tenté ; il ne prendra pas de stalle ; Il ira rendre une visite à un ami.

Cet homme a vu passer toutes nos révolutions et toutes nos journées orageuses ; il était membre de la garde nationale en 1828, et a crié : *A bas Villèle !* au Champ-de-Mars. C'était sa conviction. Villèle avait un accent toulousain qui le choquait : il y a des sympathies dont on ne se rend pas bien compte ; on les subit. Villèle, d'ailleurs, était d'une très-petite taille.

« J'aime mieux M. Ravez, » disait l'opposant. »

Le 27 juillet 1830, il entendit des coups de fusil dans la rue Saint-Honoré, et il entra machinalement dans un café en disant :

« Mon Dieu ! mon Dieu ! où allons-nous ? où allons-nous ? »

Le 5 juin 1832, il entendit le canon vers Saint-Merry, et joignant les mains il murmura ces mots :

« Cela ne finira donc jamais ! »

Et il alla se promener devant ses deux maisons pour voir si elles étaient debout.

« Allons, c'est bien ! » dit-il.

Et il caressa ses immeubles d'un regard paternel.

Le 29 juin 1835, en apprenant l'attentat de Fieschi, il frappa du pied la poussière du boulevard, en s'écriant à voix basse :

« Est-il possible qu'il y ait des monstres pareils ! »

De 1835 à 1848, il n'a pas trouvé d'occasion de s'écrier ; il se bornait à dire :

« Oui.... que vous dirais-je ?.... Non... ça ne marche pas comme ça devrait.... Les Anglais sont jaloux de nous.... Je voudrais une politique plus forte.... un progrès.... sage.... mais un progrès.... On devrait adjoindre les capacités.... »

Le 23 février 1848, il disait, dans un groupe :

« Vous verrez qu'avec la réforme nous marcherons. »

Le 25 février, il ne disait rien.

Le 17 mars, lorsqu'un Niagara d'hommes roula dix heures sur le boulevard, il pensa ceci :

« Nous sommes en plein 93, il faut émigrer. »

Un pan d'azur se montra sur l'horizon, il dit :

« Moi, j'ai voté pour Caussidière ; vous le croirez

ou vous ne le croirez pas, Caussidière me plaît. J'aime ce caractère-là. Il est franc. Je le regarde comme un honnête homme. Mon neveu lui a donné sa voix aussi. »

Le 23 juin, pendant que le canon, le tocsin, le tambour et le tonnerre amusaient la capitale de la civilisation, il était assis dans sa chambre, vitres closes, et ne disait rien.

Il ne s'était jamais abonné au journal rouge *l'Ami du peuple*, parce qu'il ne voulait pas encourager par l'abonnement une publication anarchique, mais il achetait le numéro de ce journal chaque matin; il le trouvait très-logique et très-bien écrit; voilà pourquoi il l'achetait sans abonnement.

Dans un autre temps, Armand Carrel avait obtenu aussi son admiration.

« Je ne partage pas les opinions de Carrel, disait-il, loin de là! mais je le lis à cause de son style; quel dommage que le parti conservateur n'ait pas un écrivain de cette force-là! »

En novembre 1851, il était fort triste; il redoutait la république démocratique et sociale. Le 2 décembre lui rendit le calme, la parole et le bonheur. Le 5 décembre, il disait :

« Voilà le seul gouvernement qui puisse convenir à la France : un gouvernement fort. »

Le 5 décembre 1853, il ne craignait plus rien ; ses locataires payaient mieux que sous Louis-Philippe ; l'horizon n'avait plus de nuages ; l'émeute ne grondait plus.

Les omnibus roulaient sans être renversés par des barricadeurs.

« Oui, oui, dit-il ; cela marche assez bien ; mais je regrette quelque chose ; il me manque je ne sais quoi ; on aura beau faire, le Français aime l'opposition ; non pas une opposition anarchique, mais une opposition vive et sage. Pourquoi n'attaque-t-on pas les ministres ? On a toujours attaqué les ministres, sous tous les régimes. Je connais une chanson contre Mazarin. Le Français aime l'opposition. Les discours de tribune nous manquent. C'était un beau temps ! Le 1$^{er}$ mars demandait la parole et pulvérisait le 11 octobre. On s'amusait. Le 11 octobre parlait ensuite et pulvérisait le 1$^{er}$ mars. J'avais toujours un billet pour assister aux séances. Je n'en manquais point, excepté lorsqu'il n'y avait rien d'intéressant et de dramatique ; lorsqu'il n'y avait à l'ordre du jour que des choses insignifiantes, des projets de loi d'utilité publique, des hors-d'œuvre enfin. Que voulez-vous! Le Français aime l'opposition. »

Notre époque n'a pas inventé ce singulier personnage ; on n'invente rien ; le monde est déjà vieux ; on copie toujours le passé sans le savoir. Aussi l'expérience est une vertu en retraite, une chose fantastique, qui tient sa place dans le dictionnaire sous la rubrique *exp*, comme le mot sphinx, sous la rubrique *sph*, parce que les classificateurs sont forcés de suivre la série des lettres de l'alphabet pour *l'expérience* comme pour le *sphinx*.

Le curieux travail de M. Lambert Sipson, publié dans la *Revue de Bombay*, en 1849, n'a jamais été lu par le personnage dont nous venons d'esquisser la physionomie bourgeoise ; au reste, s'il l'avait lu, ce serait la même chose. Quelqu'un s'est-il reconnu dans l'admirable étude créée au Gymnase par Geoffroy? Ce chef-d'œuvre d'observation contemporaine, cette comédie si vraie, a diverti tous ceux qu'elle attaquait, personne n'a dit : « C'est moi! »

Il y avait donc, selon les traditions du Carnatic et bien avant la fondation de l'empire mahratte par le fratricide Aureng-Zeb, une institution antique très-vénérée dans le petit royaume de Caveri. Tacite a découvert le gouvernement de trois pouvoirs et le mécanisme représentatif dans la vieille Germanie. Voici ce que la législation du Caveri avait découvert avant Tacite.

Le roi de Caveri n'avait qu'un ministre, suivant l'usage oriental, et les lois permettaient aux administrés de se rassembler quatre fois par mois, sur la place publique, pour censurer les actes de ce haut fonctionnaire, à condition que personne ne fermerait la bouche à ceux qui le défendraient. Au bout d'un mois, invariablement, les ennemis du ministre faisaient le monopole des auditeurs, et les défenseurs ministériels, réunis sur une autre place publique, prêchaient dans le désert.

L'exaspération suivait la marche ascendante de toutes les symphonies populaires. D'abord l'*andante*, puis la *stretta*. C'était toujours le *crescendo* de la calomnie du *Barbiere*; le *zuzurre*, arrivant par gradations mesurées au coup de canon. On pourrait écrire les thèmes de toutes les oppositions sur du papier rayé, avec des notes, pour économiser les mots. Les journaux seraient des partitions, et, au lieu de les lire, on exécuterait les premiers-Paris chez soi, au piano. Ce serait plus amusant. Un modèle du genre est l'ouverture de *Guillaume Tell*; jamais plus admirable discours n'a été prononcé contre Gessler. D'abord, il fait un temps superbe ; les bergers suisses jouent du hautbois ; on chante le ranz des vaches ; on célèbre l'amour dans les chalets; puis l'azur se ternit; des plaintes passent dans l'air; il pleut; l'orage gronde ; les bergères rassemblent leurs troupeaux ; des fanfares de trompettes éclatent ; les échos des montagnes mugissent ; la voix de l'insurrection domine le fracas de la nature ; toute l'Helvétie crie aux armes; Gessler est mort ! et, quand il est mort, ce pauvre Gessler, qui s'amusait avec des pommes, on se rappelle toutes les divines mélodies qui accompagnaient les *pas du tyran,* comme dit l'auteur qui croit à Gessler; on se rappelle son harmonieuse fille qui chantait de célestes romances et des duos d'amour inouïs, appris à l'école de son barbare père ; on se rappelle l'entrée en scène du *farouche tyran* qui ordonne à tout le monde de s'amuser, et demande une tyrolienne de chant et de danses qui ravit l'oreille, les yeux et le cœur; on se rappelle enfin cette belle Mathilde, *fille des rois,* comme dit le *libretto,* qui s'est éprise d'amour aristocratique pour un pauvre berger, et narguant tous les blasons de l'Allemagne et les ombres des Césars, donne au prolétaire son amant, des rendez-vous sur la montagne à minuit.

Quelle belle histoire de tyrannie et de révolution ! Eh bien, c'est l'histoire du monde jusqu'à nos jours !... Rentrons dans le petit royaume de Caveri.

La *stretta* contre le ministre étant arrivée à sa dernière note, les Caveriens se levaient en masse, couraient au palais du ministre, le ravageaient de fond en comble, en se promettant bien de respecter le roi; mais, une fois en train de ravager ils faisaient une pointe du côté du palais du monarque, et lui demandaient une prompte abdication. Il faut être juste pourtant : on ne tuait personne dans ces crises ministérielles, comme l'affirme Lambert Sipson.

On nommait un nouveau roi le lendemain, et le nouveau roi nommait un nouveau ministre, toujours en conservant intact le mécanisme des mêmes institutions; ainsi, comme rien n'était changé d'un côté, rien n'était changé de l'autre. La politique n'est pas ingénieuse en fait d'invention. Le nouveau ministre du Caveri était donc salué le premier jour avec enthousiaste. Puis la sourdine fonctionnait, la gamme devenait menaçante; le *mineur* passait au majeur, et la symphonie traversait toutes ses phases, jusqu'au formidable unisson de la révolte. Le nouveau ministre était encore renversé, le nouveau roi partait pour Java. Il s'agissait toujours de nommer un successeur.

Les marchands, les industriels, les propriétaires, les *free-traders* même existaient en ce temps-là ; ils se plaignaient avec amertume des bourrasques ruineuses de l'interrègne. Les navires de Canton, de Macao, de Java, n'arrivaient plus à l'embouchure de la rivière de Caveri ; on regrettait beaucoup le dernier ministre ; les plus ardents regrettaient l'avant-dernier. Il avait du bon. Chacun désirait que le nouveau eût les qualités de l'ancien. Enfin, une ère nouvelle recommençait encore ; le mécanisme des institutions du Caveri replaçait un autre roi sur le trône et un autre portefeuille dans les mains d'un ministre nouveau.

Les affaires reprenaient ; il y avait une hausse merveilleuse sur l'ivoire, les écailles, l'ébène, l'indigo et le sang de dragon.

Les marchands, les industriels, les propriétaires se rendaient, selon l'usage du mécanisme, sur la place publique, où il était permis par les institutions de pulvériser les ministres. On continuait à ne pas se rendre sur l'autre place où ils étaient défendus. Il était facile de prévoir le dénoûment.

A chaque révolution opérée par cet admirable mécanisme, les impôts augmentaient d'un million et demi de *coris*. Le balancier marin qui bat cette monnaie aux îles Maldives était en arrière d'un budget.

On rencontrait çà et là de timides et ruinés commerçants qui disaient :

« Mais cela prend la tournure de durer ainsi jusqu'à la fin du monde. On nommera toujours de nouveaux ministres, on les pulvérisera toujours ; on en renommera mille de cette façon, successivement pulvérisés ; et les finances, le commerce, l'industrie, doivent périr à la fin, avec toutes ces révolutions intermittentes.

A cela, les hommes graves répondaient :

« Ce sont les institutions du pays ; on ne peut les changer sans s'exposer à une révolution. »

Les hommes qui n'étaient pas graves répondaient à leur tour :

« Mais, quand il est démontré, par un siècle d'expérience, que les mêmes causes amènent infailliblement les mêmes effets, et qu'il est impossible de changer les hommes, il faut changer les institutions. »

Les hommes graves n'en démordaient pas. Ils avaient, dès leur enfance, approuvé le mécanisme des institutions du Caveri, et ils n'avaient pu se tromper. C'étaient des hommes de conviction. Les autres passaient pour des apostats.

Les apostats disaient :

« Mais nous ne demandons pas mieux que de ne pas être apostats. Citez-nous une seule fois qui aura donné raison à votre mécanisme, et nous nous rallions à vous. »

Les hommes graves les regardaient de travers, et se rendaient sur la place publique pour démolir le ministre nouveau. Conviction !

Cet état de choses aurait probablement subsisté jusqu'au règne d'Aureng-Zeb, lorsque dans le Caveri survint un incident que n'avait pas prévu le mécanisme des institutions.

Pendant qu'on était en train de pulvériser un ministre, toujours en regrettant le dernier, selon l'usage de ces temps barbares, le prince de Gazna débarqua sur la côte avec une armée de ravageurs, et somma le roi de payer un énorme tribut. Le mécanisme des révolutions ayant ruiné les finances de ce pays, on ne trouva pas en caisse mille coris pour apaiser le prince de Gazna. Le royaume fut alors envahi, et la dynastie des Gaznevides fut fondée, en 1000, dans ce coin de l'Asie. Les plus compromis parmi les Caveriens se réfugièrent dans les souterrains d'Eléphanta, où ils écrivirent des livres sur la sagesse des institutions du royaume de Caveri. Si le prince de Gazna les eût rappelés, en reconstituant l'ancien mécanisme, ils auraient recommencé le lendemain.

Cette histoire ressemble à un apologue du fabuliste indien Pilpay ; mais un apologue est inutile lorsque l'histoire de l'homme devance partout la fiction. A quoi bon inventer ce qui existe depuis quatre mille ans ? L'humanité tourne dans le cercle de Popilius. Moïse a tout dit avant nous : après avoir peint les rois aveugles qui marchent à leur perte à travers sept prodiges célestes qui ne les arrêtent pas, il peint les peuples, qui, comblés des bienfaits de Dieu, se révoltent contre Dieu pendant quarante ans. Abraham ne trouve pas dix justes dans la pentapole maudite, et Caleb et Josué, deux justes, entrent seuls dans la terre de promission. Étonnez-vous ensuite des aveuglements modernes, lorsque les voiles de l'orgueil obscurcissaient les intelligences à ces époques primitives où la terre était en communication immédiate avec le ciel !

# A PROPOS DE LA BOURSE

## DE F. PONSARD

Au théâtre, le style et la forme ont un intérêt égoïste; ils ne veulent pas être égarés dans le labyrinthe des situations et les méandres des péripéties, où personne ne les remarquerait; ils demandent avant tout une donnée dramatique simple, une intrigue suffisante, à la clarté de laquelle ils pourront étaler avec profit toutes les richesses de la langue et du vers. Le sujet de la nouvelle comédie de M. Ponsard n'abonde pas en complications, et j'en félicite le poëte; on suit toujours sans effort la marche de sa fable émouvante et on ne perd pas un diamant alexandrin. Voici l'action de *la Bourse*, dégagée des petites scènes épisodiques qui ne l'obstruent jamais, car le poëte les traite avec un grand charme de détails et les ménage avec beaucoup d'art. Léon Desroches, un jeune provincial très-novice, mais ayant les instincts subtils du campagnard, aime Camille, fille d'un voisin nommé Bernard, lequel, à l'instar de beaucoup de pères modernes, exige une dot considérable d'un gendre; faute de quoi, on n'épouse pas chez lui. Or, le jeune Léon n'a que soixante mille francs; une misère par le temps qui court! à moins de cent mille écus, le père Bernard ne donnera pas sa fille; simple spéculation d'un honnête campagnard. Léon lit la cote de la Bourse dans les journaux, connaît le premier mot de la théorie des fonds publics, et les mille et une nuits fabuleuses contées par les commis-voyageurs sur les pauvres de la veille devenus millionnaires le lendemain, par un coup de baguette de la fée Troispourcentine, domiciliée à Paris, place de la Bourse, dans un temple grec orné des paratonnerres de Franklin.

Léon fonde un grand espoir sur son ami de collége Delatour, agent de change à Paris, et c'est à lui qu'il vient confier ses projets de fortune et son rêve de trois pour cent. Le salon du riche publicain Delatour est encombré de spéculateurs de tout âge, de tout sexe, de toute condition; la parole est à tout le monde. Le valet de chambre Dubois, personnage fort comique et vrai, parodie son maître et reçoit les clients de bas étage; on cause *primes, report, arbitrage dont un, fin courant, chemins, docks, Mouzaïa*; c'est la Babel de la Bourse en miniature; c'est l'échantillon du Paris industriel de 1856. Léon tombe du haut du clocher de son village au milieu de ces lions, de ces dandys, de ces sportsmen, de ces haussiers, de ces baissiers, monde fébrile et desservant du temple du Crédit. En l'absence des clients, et dans un tête-à-tête confidentiel, Léon explique à l'agent de change Delatour le mystère financier de son voyage à Paris; il arrive avec soixante mille francs pour jouer à la Bourse et quintupler cette somme. Là se trouvait la difficulté de la comédie à son ouverture : que devait répondre à l'ingénu provincial un sage agent de change, un honnête homme, un ami de collége, un conseiller dévoué comme Delatour? Est-ce bien ceci?

Eh bien, écoute-moi :
N'en dis rien au public, garde ceci pour toi.
La Bourse, selon vous, ô gens de la campagne !
Est un jeu comme un autre, où l'on perd, où l'on gagne.
Point. Les joueurs y sont partagés en deux corps :

Les faibles dans un camp, et dans l'autre les forts.
Grâce aux gros bataillons qu'ils tirent de leur caisse,
Ceux-ci font, à leur choix, ou la hausse ou la baisse ;
Si bien que l'un des camps, étant maître des cours,
Toujours gagne pendant que l'autre perd toujours.
A ce duel inégal, joins l'œuvre des habiles.
Les uns ont su d'abord les nouvelles utiles ;
Les autres, inventant et semant de faux bruits,
De la frayeur publique ont récolté les fruits.
D'autres, par les appâts d'un dividende énorme,
Haussent les actions d'une entreprise informe,
Puis les laissent, aux yeux d'acquéreurs stupéfaits,
Retomber à zéro dès qu'ils s'en sont défaits !
Et dis si les maisons par les grecs fréquentées
Ont jamais employé cartes plus bizeautées !
Va-t'en !

Oui, dites-vous, oui, la réponse est bonne ; elle est exprimée en vers excellents, irréprochables et du meilleur style qu'on puisse faire, à la bonne heure. J'accorde le grand mérite de l'expression à cette satire, et, sous ce rapport, il n'y a que des éloges à donner à presque tout l'ouvrage, mais la logique du dialogue et de la situation demandait autre chose en ce moment. Léon est un *de ces gens de la campagne*, un noble cœur, comme il le prouvera bientôt, un jeune homme dont rien encore n'a corrompu les nobles instincts ; il a cru que la *Bourse était un jeu comme un autre*, et voilà qu'un ami, très-expert en pareille matière, lui révèle soudainement l'abomination de la désolation qui souille ce tripot maudit. Et Léon ne s'indigne pas ! et il ne garde pas ses soixante mille francs en portefeuille ! et il s'obstine dans son projet de joueur, sans couverture contre le camp des grecs ! Voilà l'impossible. Au début de la pièce, les deux personnages ne disent pas ce qu'ils doivent dire, ne sont pas ce qu'ils doivent être. L'agent de change fait une satire de Juvénal contre la Bourse, et

Pousse jusqu'à l'excès sa mordante hyperbole.

Si bien qu'on se demande pourquoi un agent de change si vertueux et si riche s'obstine à visiter tous les jours, en habit noir, cette caverne de grecs, sans jamais secouer la poussière de ses bottes; et si le jeune Léon disait alors et faisait ce que son honneur virginal de campagnard doit lui inspirer nécessairement, la comédie finirait au premier acte. A cette foudroyante satire de l'agent de change, Léon devrait répondre ainsi : « Mon cher Delatour... » Pardon ! l'heure est extrême, et je n'ai pas le temps d'écrire ma réponse de critique en prose; la voici en lignes plus courtes :

Oh ! que m'apprenez-vous ! Comment ! le vol s'étale
En plein soleil, ainsi, dans cette capitale !
On tend ces traquenards au joueur innocent !
On pipe, chaque jour, les dés du trois pour cent !
Quoi ! lorsque l'heure sonne, et qu'une foule épaisse
Suit le flux et reflux de la hausse et la baisse,
Une moitié prend l'autre et la réduit à sec
Dans ce Parthénon neuf, où triomphe le grec !
Quelle honte ! et jamais la police impuissante
Sur ce vaste étouffoir ne fait une descente,
Et ne lance à midi ses uniformes bleus
Sur le camp bizeauteur des croupiers frauduleux !
Quoi ! lorsque dans Paris des Laïs en retraite
Organisent le soir une banque secrète
Et font à leurs amants réunis à huis clos,
Perdre quarante sous péniblement éclos,
Dix agents apostés montent à l'escalade,
Déracinent les gonds, forcent la barricade,
Et confisquent, en bloc, meubles, joueurs honteux,
Et le cuivre amassé sur un châle boiteux !
Et dans ce temple grec, tout peuplé de victimes,
Cet écarté, tournant des rois illégitimes,
Ce baccarat de bourse, où par de sûrs moyens
Les grecs en paletot dépouillent les troyens,
Aucun sergent ne vient troubler le sacrifice,
Aucun Samson légal n'ébranle l'édifice,
Et ne lance, vengeant l'honneur universel,
Sur ses murs démolis la charrue et le sel !
Tout cela, mon ami, me paraît fort étrange.
Vous le dites, c'est vrai, car un agent de change

Ne peut pas faire erreur en un sujet pareil ;
C'est clair comme le jour, lorsqu'on a du soleil !
Mais alors expliquez une autre chose ; dites,
Qu'allez-vous faire, vous, dans ces banques maudites ?
Vous êtes dans le camp vertueux ; vos sixains
Ne sont pas biseautés comme ceux des voisins,
Je le sais ; vous pouvez, auprès de la corbeille,
Distinguer, d'un œil sûr, le frelon et l'abeille ;
Vous connaissez le mal, et nommez les auteurs ;
Mais vos mains ont touché les mains des bisauteurs ;
Mais vous respirez l'air si près de leur haleine
Qu'on peut vous croire aussi quelque peu philhellène ;
Car, il ne suffit pas de s'indigner ici !
En public, ce débat devrait être éclairci ;
Puisque vous connaissez si bien les équipées
De ces faiseurs de tours et de chances pipées ;
Puisque vous surprenez, en moment opportun,
Tous les délits commis par les primes *dont un*,
Pourquoi, le cœur ému d'une colère sainte,
Ne les chassez-vous pas de la pudique enceinte,
Ces joueurs, quand ils ont leurs gilets remplis d'as,
Ces grecs du trois pour cent, ces faux Léonidas ?
Et si vous n'osez pas d'une main redoutable
De l'Augias boursier purifier l'étable,
Sortez avant ce soir de ce tripot hideux.
« Va-t'en ! » me dites-vous ? Soit, partons tous les deux !
Que le parquet soit grec, ou grecque la coulisse,
Si vous ne parlez pas, le silence est complice,
Et, quand vous me priez, d'un ton de confident,
De garder sur vos grecs un mutisme prudent,

> Moi, nourri dans les champs, né dans un autre monde,
> Pur de tout pacte vil, de tout contact immonde,
> Je sens au fond du cœur mes instincts révoltés
> Contre ces tours d'escrocs que vous me racontez ;
> Sur la place publique alors je vais descendre,
> Et, dussé-je trouver des sourds, comme Cassandre,
> Guidé par mon devoir, je dénonce à grands cris,
> Les ruses de Sinon aux troyens de Paris !

On répond toujours quelque chose à tout : ainsi l'agent de change répondrait, mais d'une manière peu satisfaisante, à ce jeune paysan du Danube qui lui lancerait à la tête cette apostrophe alexandrine : « Les choses ne se passent pas ainsi. » Léon écoute assez froidement l'épouvantable révélation qui lui est faite, et il va se mettre à jouer, ne sachant trop s'il sera dans le camp des grecs ou des troyens ; il lui faut cent mille écus, à tout prix, pour épouser Camille ; et, quand il les aura gagnés, il n'aura aucun scrupule ; c'est absolument comme si Delatour n'avait pas parlé grec. En cas de perte, Léon a prévu son dénouement : il se brûlera le peu de cervelle qu'il a, c'est résolu. Ainsi posé, ce caractère de Léon, le héros du drame, me semble peu intéressant ; il lui manque, à première vue, ces nobles instincts qui sont les parfums moraux de la jeunesse ; il ne s'indigne pas, il ne se révolte pas devant la plus épouvantable des révélations; il passe outre lestement et parle d'un suicide bien arrêté comme d'un remède à tout mal. En lui entendant prononcer le mot pistolet, on devine qu'il ne se tuera pas, si l'occasion est offerte. Un suicide sérieux n'est jamais annoncé. Tel qu'il est, nous acceptons Léon Desroches; nous faisons volontiers cette concession au poëte, pourvu qu'il mène la comédie à bonne fin et nous fasse oublier, dans une énorme dépense de beaux vers, d'esprit et de talent, ce que nous croyons être une faute grave au premier pas de l'exposition. C'est le correctif dont M. Ponsard s'est servi, comme nous allons le voir. Ce défaut original était d'ailleurs inévitable et inhérent au sujet. Dès que M. Ponsard a voulu transporter la satire dans la comédie, tentative épineuse, et prendre la Bourse pour son héroïne aristophanesque, il ne devait garder aucun ménagement, s'il était assez heureux pour rencontrer cette tolérance et cette liberté, toujours accordées depuis *Tartuffe* aux talents de premier ordre. Il fallait entrer dans le labyrinthe crétois et prendre le Minotaure par les cornes aux applaudissements de la foule et à l'aide de quelques adroits palliatifs qui n'atténuent pas l'effet de la satire, si bien qu'après le succès triomphant de l'œuvre, quelques naïfs spectateurs demandaient si la Bourse ferait relâche le lendemain, dénoncée, comme elle l'était, à l'indignation publique, par un agent de change vertueux, devant le roi de Wurtemberg, le comte Orlof et tout ce qu'il y a de grand et d'illustre à Paris, tribunal comme on n'en vit jamais. La satire de Juvénal ou de Perse n'est pas toujours prise au sérieux : elle parle d'ailleurs très-bas dans un livre ; on peut croire qu'elle est la traduction en vers de la mauvaise humeur d'un poëte. *La Bourse* de Barthélemy a été publiée en tous les formats et tirée à deux cent mille exemplaires, et la Bourse ne s'en est pas émue : au contraire, depuis 1832, le mal n'a fait que croître et enlaidir. La voix solennelle du théâtre a une force et une autorité bien plus grandes ; si on lui laisse sa liberté retentissante, elle devient alors l'expression de la pensée de la foule ; ce que dit le monde du théâtre, tout le monde extérieur le dit, il faut alors que les consuls avisent, ou que le vertueux agent de change se taise ; la grande accusée doit blanchir sa robe, si l'accusateur *a raison* tous les soirs devant deux mille juges, dont l'applaudissement est une condamnation. Ah ! la vraie comédie n'est pas la satire, croyez-le bien, même après le succès. Gardons-nous de confondre les deux genres ; nous arriverions aux *Nuées* d'Aristophane et à *l'Écossaise;* c'est la guerre civile de l'épigramme transportée au parterre ; rions au théâtre, ne déchirons pas, et supplions Apollon de ne pas même écorcher Marsyas pour nous amuser après dîner.

Une scène charmante, une scène remplie de mouvement et de vérité actuelle, nous fait oublier tout de suite les mutuelles confidences de l'agent de change et de Léon, les hyperboles de la satire, la tolérance trop impassible du jeune campagnard à l'endroit des grecs, et le futur contingent d'un suicide au pistolet. Voilà les convives des dîners de Delatour ; ils vivent de la vie du jour, et nous les connaissons tous ; ils parlent comme on parle dans les wagons en 1856 ; c'est la conversation moderne mise au théâtre avec un bonheur et une fidélité admirables. Seulement le poëte a relevé avec son esprit la saveur un peu nauséabonde de ce parlage industriel ou fashionable. Voilà de la bonne et exquise comédie ; voilà le ridicule pris sur le fait, avec la chance probable d'être corrigé. Le dialogue vif, découpé, morcelé, c'est-à-dire la plus grande difficulté de la comédie moderne en vers, est traité de main de maître, avec une aisance gracieuse que le besoin de la rime ou l'intervention d'une épithète parasite ne trouble jamais. A la faveur de cette invasion de convives, nous faisons connaissance avec un personnage très-original qui doit jouer un grand rôle dans l'action : c'est Reynold, ancien officier de spahis, aujourd'hui industriel; il se trouve, à son insu, en rivalité d'amour avec Léon ; il aime Camille; c'est la rivalité obligée de toutes les comédies ; c'est vieux et toujours nouveau, comme l'amour et la jalousie, comme tout ce qui fait vivre et mourir depuis six mille ans. Reynold, lui, ne joue pas; il travaille; c'est la vivante antithèse de Léon ; il intéresse, quoique vertueux, et nous le verrons bientôt s'élever jusqu'à l'héroïsme du sacrifice, le plus rare de tous les héroïsmes, celui qui n'a que deux exemples dans l'histoire et la fable : *Stratonice*, d'Antiochus et *Léonor*, d'Alphonse Royer et Gustave Vaëz.

Donc, Léon Desroches a gagné cent mille écus à la Bourse, dans le camp troyen probablement. Le voilà lancé dans la spéculation : il a tout oublié, il oublierait même Camille, dans l'attente de la réponse des primes, cette fièvre d'accès qui saisit le joueur à deux heures et quart, lorsque Camille et son père Bernard arrivent à Paris pour faire protester sa lettre de change d'amour. Léon ne cache rien à Bernard; il est dans l'extase de l'homme qui a fait fortune et ne cache pas l'origine de son bonheur financier. Bernard, en sa qualité d'homme des champs, paraît d'abord légèrement révolté de ce gain trop rapide, mais Léon lui montre son portefeuille, et le campagnard est subjugué; bien plus, il est atteint de l'épidémie générale, et dans sa convoitise de propriétaire envahisseur, il ne serait pas fâché de suivre Léon dans l'ornière du trois pour cent. Cette scène est charmante; la jeune fille a des vers délicieux; Bernard est d'une vérité comique incroyable; on parle tout à la fois de Bourse, de campagne, de lilas, de couchers de soleil, de fortune, de jeu; c'est d'un naturel étourdissant. Le père Bernard a passé joueur, et Léon a promis à Camille de ne plus jouer. Une heure sonne. « Ah! s'écrie Léon, la *Bourse a commencé,* » et il sort pour assister à l'*Introït* profane du temple grec.

Pendant que Léon attend la fortune des cours, son rival Reynold cause en tête-à-tête avec Camille : mais, hélas! à quoi sert la vertu, lorsqu'on veut se faire aimer d'une jeune femme dont la tête est remplie des doux souvenirs d'un premier amour! Encore une scène d'un charme exquis ; Camille se tire d'affaire avec une agilité d'esprit merveilleuse. Survient une amie de couvent, une très-jeune veuve, une adorable Julie, qui a eu un mari boursier et qui se connaît en mariages parisiens. Il faut entendre avec quelle verve cette spirituelle Julie traite la jeunesse du jour, avec quel bonheur d'expressions elle peint un ménage que traverse la cote des chemins de fer! D'ailleurs, Julie est enthousiaste du noble caractère de Reynold, et elle plaide victorieusement sa cause devant Camille, toujours affligée de l'incurable surdité de l'amour ; la fille de Bernard *estime* Reynold, voilà tout. L'ancien officier de spahis sort le désespoir dans l'âme, et Bernard arrive pour faire diversion à cet entretien ; il a gagné à la Bourse ; il bégaye même assez bien déjà la langue de la coulisse ; il crie : *Vive la Bourse!* Il veut acheter un moulin ; Julie a beau vouloir attirer sur elle l'attention de Bernard, le boursier néophyte est perdu dans un nuage de chiffres, il n'entend plus que la voix lointaine de la sibylle du parquet. Arrive Léon, mais Léon *quantum mutatus;* il a perdu cent mille francs ; ça va mal ; on comptait sur une hausse ; on comptait sur la paix, sur Sébastopol, sur un *Moniteur* bienfaisant : rien n'est venu. *Le Moniteur* annonce des séries de nouveaux juges de paix; silence sur la mer Noire; silence à Vienne et à Berlin. Julie et Camille veulent se faire écouter; boursiers en baisse n'ont pas d'oreilles. Enfin Camille parvient à se ménager un tête-à-tête avec Léon, et c'est alors qu'elle obtient de lui un serment qui lui rend le repos, le serment de ne plus jouer. Si le jeune homme est parjure, Camille ne l'aimera plus; c'est arrêté. Un instant après, Léon étant seul, deux lettres lui arrivent : l'une lui annonce une perte de trois cent mille francs, c'est-à-dire sa mort; l'autre lui apprend que Sébastopol est pris, c'est-à-dire sa résurrection. — *Achetez,* dit la seconde. — *Morbleu! faut-il avoir juré!* s'écrie le joueur. Un de ses amis, le boursier Alfred, vient lui offrir son entremise secrète pour l'aider à réparer ses pertes à la faveur de la hausse infaillible promise par la victoire de Sébastopol. Léon trouve un accommodement pour sa conscience, il rejouera malgré le serment donné, mais pour indemniser Bernard, qui, lui aussi, a fait sa perte après le gain; il y a un million à gagner avec la nouvelle de Sébastopol. Un million! le pauvre parjure ressuscite de nouveau. Hélas! ô Bourse, voilà de tes coups! Sébastopol a été escompté; les habiles savaient que la ville imprenable serait prise; on a fait de la hausse sur une conjecture douteuse; on fait de la baisse sur la nouvelle vraie. Les choses se passent ainsi. Demandez à tous les agents de change, excepté à Delatour. Or, c'est Delatour lui-même qui vient confirmer cette baisse impossible à Léon, et il dépose sur une table quelques billets de banque comme fiches de consolation. Ici le désespoir du jeune homme s'élève à toute la hauteur de la situation, et l'intérêt est très-habilement suspendu par une scène admirable dont l'analyse ne peut donner une idée, il faut l'indiquer seulement. Pierre, le domestique de Léon, atteint aussi d'un cas de Bourse dans l'épidémie générale et frappé par la baisse comme tout le monde, entre chez son maître et le prie de lui pardonner ses écarts de jeu. Puis, c'est Bernard qui arrive avec des reproches amers et décoche à Léon ce vers d'un comique sublime :

Vous ne m'aviez pas dit, monsieur, que je perdrais!

Enfin, c'est Camille elle-même qui veut s'assurer s'il est bien vrai que son amant ait enfreint la parole jurée. Le doute n'est plus permis : il y a parjure, il doit y avoir séparation. Au désespoir incurable reste toujours un remède, le suicide. Léon nous avait préparé à son crime ; il tient sa parole cette fois. L'arme du crime est prête ; le joueur va tourner contre lui des mains violentes, lorsque Reynold entre brusquement pour remplir une mission donnée par Camille. La scène est très-belle, très-dramatique ; elle est d'un effet puissant. Léon, à la vue de son rival, qu'il croit aussi son dénonciateur, veut changer le suicide en duel. L'ancien officier de spahis ne refuse pas le duel ; mais il veut, avant tout, rapporter à Léon les paroles de Camille. La jeune fille demande que la faute soit expiée noblement et que la lâcheté d'un suicide ne complète pas le déshonneur du parjure ; elle exige cela en invoquant l'amour qu'elle avait pour lui, et afin que le nom de Desroches qu'elle devait porter reste pur parmi les hommes. Léon se laisse fléchir insensiblement et demande le genre d'expiation qui rachète une faute comme la sienne. Reynold a songé à tout. Léon connaîtra bientôt son sort. La franche et joyeuse comédie succède tout à coup à cette scène magnifique, mais d'un ton très-sévère. Nous voyons arriver Estelle et Dubois le domestique, devenu, par la grâce de la Bourse, comte Oscar du Bois ; ils viennent visiter l'appartement de Léon qui est à louer, pour cause de ruine. Le rire rafraîchit l'émotion : c'est charmant comme peinture de mœurs actuelles et comme surprise après un tableau de suicide et de désespoir.

La comédie va se dénouer auprès d'une mine de charbon, dans l'appartement de Reynold, qui se prépare à épouser sa cousine Camille. Léon est installé dans cet établissement comme contre-maître; c'est son expiation. Il vient même de faire plus que son devoir, il vient de se dévouer pour sauver la vie à dix mineurs qui périssaient dans un éboulement, et sa santé a beaucoup souffert après cette action courageuse. Faible et convalescent, il vient demander une grâce à Reynold : le courage lui manque; il aime toujours Camille, et, ne pouvant se résigner à vivre dans une maison où sa fiancée va devenir la femme d'un autre, il désirerait trouver ailleurs la même place de contre-maître. Reynold lui promet de faire selon ses désirs. J'oubliais de signaler en passant un magnifique plaidoyer du travail qui se trouve dans la bouche de Reynold, et qu'il faut citer tout entier; que ne faudrait-il pas citer?

> Je sais comment la houille en or se convertit
> Et que plus d'un filon à la Bourse aboutit.

Mais écoutez ce bruit des marteaux sur l'enclume ;
Regardez ces fourneaux où le charbon s'allume ;
Voyez ces employés, ces caissiers, ces commis,
Ce peuple d'ouvriers, dont j'ai fait mes amis.
De leurs rudes accents mon oreille est charmée ;
Ce tumulte me plaît, j'aime cette fumée.
Tantôt je vais m'asseoir au foyer d'un mineur ;
J'aide un pauvre ménage. — Et voilà pour le cœur.
Tantôt, rêveur ardent, je cherche, j'imagine ;
J'organise un travail, j'invente une machine ;
J'écarte les dangers par un mode nouveau ;
Je suis un créateur. — Voilà pour le cerveau.
C'est mon armure ; c'est ainsi que je repousse
Les aiguillons du jeu, que le travail émousse.
— Vous avez vu, monsieur, dans quelque ancien roman,
Ces cercles enchantés que trace un nécroman,
En les enveloppant de nuages opaques
Qui des démons vaincus conjurent les attaques.
Eh bien, cette vapeur que l'on respire ici,
Cette poudre attachée au visage noirci,
Cet éternel brouillard, dont la sombre rosée
Sur nos lambris éteints est partout déposée,
Ces immenses brasiers qui brûlent nos poumons,
Ont un charme magique : — ils chassent les démons.

C'est à l'agent de change Delatour que ces beaux vers sont décochés à bout portant.

Tout s'apprête pour la noce ; les ouvriers mineurs viennent faire leurs compliments au marié. Le père

Bernard a oublié ses pertes et se livre à sa nouvelle gaieté de beau-père ; Camille est résignée ; Julie, la charmante veuve, est triomphante ; elle a réussi ; elle a éloigné Léon ; elle marie son amie avec l'honnête travailleur Reynold. L'amour seul n'a pas dit son dernier mot. Une scène de tête-à-tête admirablement *filée* entre Reynold et Camille va faire dérailler le wagon du mariage. L'ancien officier de spahis s'épouvante de la résignation de Camille, et, en homme sage et en homme fort, il recule devant une union dangereuse qui est un sacrifice pour la femme. En ce moment, Léon paraît. — *Voilà votre époux*, dit Reynold à Camille. L'expiation est faite ; il est temps de revenir au bonheur. Ce jour n'aura fait qu'un malheureux, celui qui ne méritait pas de l'être. On voit ces injustices souvent dans ce bas monde : cela ne doit point décourager la vertu ; elle est sans doute récompensée plus haut.

Le succès de cette comédie a été triomphal. M. Ponsard a mené à bonne fin une œuvre grande et vigoureusement conduite, et qui fera époque dans l'histoire de l'art. Depuis la comédie de Casimir Delavigne, le théâtre n'a pas entendu une plus belle langue ; et c'est fort heureux pour nous, en ce moment où le style scénique semble tomber en décadence et céder sa place, dans les hautes régions, à la vulgaire littérature des situations et des péripéties, M. Ponsard s'est montré dans cet ouvrage poëte comique, satirique et dramatique, au degré le plus éminent ; et de plus, il a montré çà et là, et comme à son insu, une habileté mystérieuse dans l'art de ne rien négliger pour réussir complétement et plaire à toutes les couches superposées du public, depuis le lettré le plus délicat jusqu'au bourgeois le plus opaque. Je ne puis m'expliquer autrement les négligences vulgaires qui jalonnent à rares intervalles sa comédie. M. Ponsard est maître de sa pensée et de sa rime : eh bien, il n'hésite pas à faire rimer *Camille* avec *docile*, ou *mille*, ou *ville*, ou *je sai* et *confessé*; ou *cherchait* avec *recherchait*. Il écrira *peu à peu, oui, oui, ah! oui, eh! assez.* Il se servira des locutions et des formes de langage les plus triviales et les plus vulgaires, lorsqu'il lui serait si aisé de se maintenir toujours dans une simplicité de distinction : il a même fait plus, il il a employé, dans une action de 1856, deux fois de suite le mot *hymen* pour *mariage;* que voulez-vous! *hymen* plaît encore énormément à une certaine couche de public, celle qui dit *mon épouse* pour *ma femme.*

M. Ponsard rit beaucoup en lui-même de ces *hymen* et des hiatus employés par les maîtres jusqu'à l'abus nauséabond ; mais il fait cette concession au *profanum vulgus*, lui l'élève d'Horace ! Tout sert pour un succès de deux cents représentations.

Cependant la Bourse est toujours ouverte et ne fait pas relâche, et on ne la fermera pas ; malgré ses vices intérieurs, la Bourse est la grande artère de Paris ; si on en fermait les portes, Paris tomberait en léthargie, et l'Odéon deviendrait un tombeau babylonien. Toutes les choses de ce pauvre monde ont leur mauvais côté : il faut aussi de l'engrais pour féconder les civilisations.

# UN CONCERT DANS LA FORÊT

Je m'étais égaré.... J'étais enlacé de montagnes, de vallons, de précipices, de bois; j'avais à choisir entre vingt sentiers croisés, sentiers trompeurs, tracés à dessein par une main inconnue; ils aboutissaient tous à des rochers taillés à pic comme des remparts, et dont les touffes de saxifrages, agitées au vent, semblaient rire de mon embarras. Le soleil était près de se coucher, je ne pouvais m'orienter sur son cours : de hautes collines me dérobaient l'horizon du couchant.

Avançant, reculant, et surtout m'arrêtant, je me trouvai compromis dans un massif de pins grêles, qui paraissaient avoir été écaillés par des doigts de fer; cela me fit frémir. Je me demandai la raison de mon frémissement, et je ne me répondis pas. Mon silence m'alarma davantage ; je tâchai de me rappeler une chanson. J'en sais mille ; pas une ne me vint à l'esprit ; je n'avais dans l'oreille que le chant du cor de l'ouverture de Weber et l'épouvantable unisson de *ré bémol d'Euryanthe* : « *Chasseur égaré dans les bois.* » Le jour tombait ; il y avait même en face de moi une gorge béante déjà noire comme à la nuit : l'aspect du lieu devenait toujours plus satanique. Si j'avais l'honneur d'être Berlioz, je volerais à la nature la symphonie qu'elle exécutait alors pour moi, dût-elle m'attaquer en contrefaçon. Les instruments étaient peu nombreux, mais ils versaient une large harmonie ; les aiguilles des pins frissonnaient, les saxifrages murmuraient avec mélancolie, les feuilles jaunes et sèches tourbillonnaient à la brise, le grillon exécutait son nocturne, la montagne tirait des accords de toutes les cavernes ; un pin gigantesque, en inclinant et relevant un de ses longs rameaux dépouillés, ressemblait à l'*Habeneck* de cet orchestre mystérieux des bois. Dans cette ravissante ouverture du drame de la nuit, il n'y avait pas une fausse note, pas un accord contre les règles, pas une erreur de composition ; la nature orchestre supérieurement ses œuvres musicales, elle combine avec un art incomparable tous les sujets qui exécutent ses partitions inédites. Peu lui importe d'avoir des auditeurs; elle se fait jouer pour son plaisir d'égoïste, elle se complaît à son ouvrage, elle s'applaudit et ne fait lever le rideau qu'à l'heure où la campagne est déserte, où les villes s'illuminent de clartés pâles, où les pauvres humains s'enferment entre quatre murs tapissés de paysages pour échanger entre eux les longs bâillements de la veillée et les paroles nauséabondes qu'ils appellent les charmes de la conversation.

Oh! que j'aurais bien voulu être enfermé, ce soir-là, entre ces quatre murs dont je parle avec dédain. Le jour était mort; je comptais sur la lune; mais la lune ne devait se lever que le lendemain avec le soleil. C'est bien la peine d'avoir une lune! Je ne demandai qu'une faveur au crépuscule, le dernier de ses rayons pour me montrer le bon sentier. J'aurais bien prié Dieu, mais j'avais peur d'offenser le démon; à coup sûr, je marchais sur ses domaines, et je respecte toujours l'autorité régnante dans les pays que je visite. De pins en pins, de buissons en buissons, j'atteignis les limites de la terre végétale; un arceau brisé dans sa clef de voûte était devant moi : c'était mon Rubicon; et je franchis l'arceau. J'étais entré dans un puits, mais un puits assez large pour boire un jeune lac ; il y faisait presque jour, parce que le soleil avait tellement aiguisé ses rayons sur les immenses parois des rochers, que la fraîcheur de l'ombre n'avait pu éteindre encore tant de parcelles lumineuses incrustées pendant le jour : ce que je dis là est, je crois, une erreur en physique, mais je ne crois pas à la physique. Ce puits était formé de rochers circulaires à pic, comme un colisée naturel ; à droite et à gauche, je voyais des galeries étagées, qui avaient l'air d'attendre des spectateurs ; après l'arceau, il y avait une jolie petite caverne tapissée de lierre, avec deux siéges proprement taillés : c'était comme un bureau pour déposer les cannes et les parapluies. Un vieux pin rabougri murmurait des plaintes contre ce bureau, et, dans mon état de trouble, il me sembla que ce vieux pin me demandait mon billet. J'entrai hardiment, d'un pas d'auteur, et je courus à l'avant-scène ; là, c'était à faire frémir les deux Ajax. Une large et haute voûte minait le pied de la montagne ; des tentures de lierre noir couvraient cette voûte et lui donnaient l'aspect d'une chapelle funéraire : au centre montait un catafalque qui avait pris la forme d'un aqueduc ; le sol était jonché de hideux débris.

J'entendis un bruit de pas derrière moi ; je n'osai regarder ; les cailloux du sentier grinçaient sous des pieds ferrés. Au hasard, je risquai un œil de ce côté ; c'était un bûcheron. « Mon ami, lui dis-je, où est le chemin qui conduit à la ville ? »

Citation empruntée à l'*Eglogue de Mœris*. Le bûcheron ne me répondit pas, mais de sa main il me désigna un sentier suspendu au flanc d'une montagne ; le sommet était abominable à voir ; il montait au ciel dans une forme révoltante et qu'on ne peut décrire : c'était comme une impudique pensée de granit lancée au ciel pour arrêter le vol des sorcières. Des coups de tonnerre avaient détaché de cette masse d'énormes blocs gisant à mes pieds ; oh ! c'est qu'il doit s'être passé là des choses qui appellent la foudre en plein azur ; un chêne poitrinaire s'est réfugié là comme un ermite en méditation, à l'abri du vent de la montagne. Des pins échevelés semblent descendre des grottes du pic, comme une troupe de bandits qui courent au voyageur. Toutes les harmonies de ce lieu sont dolentes ; il y a dans les crevasses des rochers des oiseaux non classés par l'ornithologie ; ils chantaient aux chauves-souris des airs sombres comme une absoute. La nuit arrivait noire, mystérieuse, toute pleine de confidences que la gamme de la brise glisse à l'oreille à travers les touffes de cheveux. Je levai les yeux au ciel pour me réjouir aux étoiles ; une seule constellation luisait sur un fond obscur, la Grande Ourse, magnifique fauteuil d'étoiles renversé à demi, comme si le Dieu du ciel venait d'être détrôné par Satan. Je me mis alors à marcher dans la direction des sept étoiles ; mon chemin s'éclaircissait peu à peu. Je sortis du puits, tout joyeux de n'avoir pas été surpris par le coup de minuit dans cet horrible amphithéâtre où tant de scènes allaient être jouées par des acteurs de l'enfer. Une lueur de foyer humain m'annonça la campagne cultivée.

Quelques années après, sous la lune d'avril, à onze heures du soir, je revins accompagné de cent musiciens et artistes, et de trois fourgons d'instruments de cuivre. J'avais fait un appel à tout un orchestre d'amis, et on m'avait répondu avec zèle. Ce fut une fête comme il n'y en aura plus sur cette fade planète.

Vous avez entendu l'ouverture de *Freyschütz* à l'Opéra, au Conservatoire, à Favart ; c'est une pastorale, un menuet que vous avez entendu. Mes musiciens s'assirent sur des siéges de roche dans la voûte tapissée de lierre et de nids de chauves-souris. Nous avions apporté une énorme cloche fêlée sur un fardier; on la suspendit sous la voûte; elle sonna minuit pendant un quart d'heure; nos oreilles saignaient. La montagne est creuse, elle sonne comme la cloche : à chaque coup, les réseaux de lierre se crispaient comme une toile d'araignée. Il y eut beaucoup de plaintes dans l'air, plaintes exprimées dans cette langue que la nuit parle, et qui ressemblaient à de sourdes protestations d'êtres invisibles qui se révoltent contre une usurpation de localité. L'ouverture de *Freyschütz* commença. Je m'étendis sur un lit de cailloux plats antédiluviens. Weber avait travaillé pour cette nature. A peine le cor eut-il fait invasion dans le jeu de l'orchestre, que tous les objets environnants prirent un caractère de funèbre physionomie; les montagnes ouvrirent leurs caverneuses oreilles, et le souffle de l'air anima le clavier de leurs mille échos; les pins parlaient aux mousses des pics, les collines aux herbes de la plaine, les grillons aux chênes verts; tous ces murmures, toutes ces plaintes de la nuit, emportaient au ciel l'infernale harmonie de Weber. Je regardai les musiciens; ils avaient les cheveux hérissés comme des feuilles d'aloès.

Nous craignions de manquer de trombones : il en vint six pour attaquer l'évocation de *Robert*. Des voix se demandaient : « Quels sont ces musiciens ? » Personne ne les connaissait. On disait derrière moi. « Ce sont des musiciens de la ligne. » Je me retournai pour voir qui disait cela : c'était une feuille de lierre ou personne. Le chef d'orchestre, qui était tout en feu et ne prenait garde qu'à sa partition, cria :

— Musiciens, à vos places ! Êtes-vous là, monsieur B....

Le jeune artiste s'avança pour chanter l'invocation; il était pâle comme un démon incarné.

— Ne chantez pas, lui dis-je, cela vous fera mal.

— Impossible, me répondit-il, je suis sous l'obsession de l'art; il faut en finir avec Meyerbeer, il faut voir clair dans ses notes.

— Ce sera une terrible nuit, n'est-ce pas?

— Terrible ! Avez-vous bien compris l'ouverture de Weber?

— Très-bien.

— Demain, au jour, nous saurons la musique.

— Oui, ce lieu est le Conservatoire du démon.

Ce chaleureux jeune homme, artiste tout âme et

conviction, appuya fortement ses pieds sur le sol humide de la caverne, et dit au chef d'orchestre :

— Je suis prêt.

Je crus que la montagne entière s'était faite trombone ou qu'elle s'écroulait. B..., avec sa magnifique voix, dit : « *Nonnes! qui reposez....* » et resta court. Le chef d'orchestre s'écria, tourné vers les six trombones :

— Que diable avez-vous dans le corps?

Les trombones sourirent et parlèrent bas aux contre-basses, qui ne répondirent pas.

Tous mes musiciens étaient profondément artistes; la solitude, le lieu, la nuit, avaient d'abord un peu agi sur leurs nerfs; mais ensuite ils se jetèrent de verve, tête première, en pleine symphonie, et ce fut alors un concert dont l'exécution foudroya la montagne. Une seule bougie jaune brûlait sur le pupitre du chef, comme le treizième cierge qu'on éteint aux ténèbres du vendredi saint; on ne voyait que le visage des musiciens : leurs instruments étaient dans l'ombre. Toutes ces têtes agitées de convulsions ressemblaient à des têtes de possédés se débattant sous l'exorcisme. Quand le jeune chanteur eut laissé tomber dans l'abîme le dernier *Relevez-vous!* tous les regards cherchèrent des fantômes dans le noir espace. Il s'en trouva qui se voilèrent les yeux à deux mains, car ce qu'ils entrevoyaient était insupportable à la paupière. Sur un rocher à pic, tendu comme un immense linceul, on vit passer une liasse d'ombres rouges que la lune même n'osa pas regarder; car elle prit le premier nuage venu et se couvrit le visage comme nous. Et, quand éclata le duo, que de choses inouïes furent entendues ! que de choses invisibles furent vues ! que d'émotions gaspillées dans les coulisses de carton et retrouvées ici ! *Auras-tu le courage d'y pénétrer, seul, sans pâlir ?* A cette formidable demande, le jeu funèbre des trombones jeta partout dans les vallées de lamentables points d'interrogation; toutes les plaintes des abbayes ruinées tombèrent des nues sous la caverne comme à un rendez-vous de notes déchirantes; l'air fut inondé de toutes les vibrations des lieux désolés; nous entendîmes des coups sourds de fossoyeurs, des roulements de balanciers dans le squelette des clochers gothiques, des vagissements de nouveau-nés dévorés par des guivres, des paroles de fantômes aux oreilles de Job, des grincements de marbres tumulaires, des mélodies d'épitaphes où la brise chantait la partie du ci-gît, des frôlements d'herbes grasses, des battements d'ailes de phalènes, des soupirs de goules, des éclats de timbre fêlé, des cris de vierges vampirisées, des déchirements de suaires, des cliquetis d'étincelles de chats noirs, des bruits de ferraille de spectres galériens, des trios lointains d'orfraies, de grands-ducs et d'hyènes; nos mains se collaient à nos oreilles, mais le flot subtil de ces harmonies nous envahissait par tous les pores. Toute notre chair s'était faite oreille, et absorbait les retentissantes émanations de l'air. Oh! qu'il en coûte de sonder les profonds mystères de la musique!

Les musiciens étaient couchés, pâles, sur leurs instruments; l'intrépide chef d'orchestre les réveilla de sa voix entraînante.

— Allons! allons! s'écria-t-il, les chœurs? où sont les chœurs? Place, place au finale de *Sémiramis! Qual mesto gemito!*

Le cuivre n'eut pas besoin d'annoncer le *guido* funèbre; le funèbre cri de Ninus sortit de la montagne comme d'une pyramide babylonienne haute de mille coudées. Toutes les impressions de terreur, ralenties depuis le meurtre d'Abel, coururent autour de nous avec les redoutables notes de Rossini; nous tremblâmes avec tous ceux qui avaient tremblé; à chaque coup de tam-tam sur la porte de la tombe, la montagne s'entr'ouvrait en laissant évaporer par une crevasse je ne sais quelle forme vaporeuse à tête couronnée. Je regardai en dehors de la caverne; c'était une véritable nuit de Babylone. Les roches saillantes, les pics gigantesques, les collines amoncelées, les arceaux granitiques, tout ce paysage grandiose, éclairé fantastiquement par les étoiles, ressemblait à cette architecture infinie créée par Martynn, le Byron de la peinture. On ressentait au cœur tous les frissons de l'épouvante et l'exaltation irrésistible de la volupté; la grande énigme de la musique se révélait à nos sens claire et sans voile; cette langue insaisissable de notes fugitives, cette langue qui ne dit rien et dit tout, et dont les villes ne connaissent encore que l'alphabet seul, oh! comme elle était comprise de nos sens dans cette nuit de révélations! La gamme s'était matérialisée. La partition n'était pas un recueil d'hiéroglyphes; toutes les idées métaphysiques du maître inspiré prenaient un corps, une figure, un relief d'animation, et on les embrassait avec délices comme un vol de femmes aériennes, on les repoussait comme des spectres hideux, on les écoutait avec ravissement ou terreur, comme la voix d'une amie ou le cri d'un démon. Le chœur babylonien était terminé, et la vallée le chantait encore; les mille échos, pris au dépourvu par la rapidité du chant final, avaient des notes en réserve à rendre à l'orchestre muet. La montagne, les bois, les pics, les cavernes, ces puissants choristes, continuaient l'hymne que les faibles voix humaines avaient achevé; jamais Rossini n'eut des interprètes plus grands, plus dignes de lui : le chef d'orchestre, l'œil en feu, la poitrine haletante, l'archet levé vers la montagne, semblait conduire encore l'orchestre des échos. Puis un grand cri se fit entendre; jamais les hommes n'ont entendu pareil cri depuis la nuit formidable où les cieux voilés laissèrent tomber sur la terre ces mots : « *Le grand Pan est mort!...* »

# HEIDELBERG

*A Madame Julia\*\*\*, gardienne des ruines
du château d'Heidelberg.*

Nauheim (Hesse-Électorale), 7 septembre 1856.

Madame,

Vous avez déjà lu quelques lignes écrites de Mannheim par un voyageur, après une visite aux ruines d'Heidelberg; c'était un simple souvenir envoyé à la hâte et formulé en deux phrases : l'accueil fait par le cicérone du château et la majesté de cette noble relique palatine méritaient mieux qu'une date et un salut. J'avais sur le cœur cette énorme lacune, et, aujourd'hui, je me décide à m'adresser à vous-même pour développer un chapitre d'histoire dont je n'ai pu écrire que le titre, l'autre jour, à la station de votre chemin de fer. Le volume sera fait probablement par un autre, et tout n'aura pas été dit encore : c'est un sujet inépuisable ; on commence à l'effleurer.

La première fois que je mis le pied sur la terrasse du château d'Heidelberg, je fus saisi d'un tel vertige, que je cherchai autour de moi pour découvrir le cicérone obligé qui reçoit les voyageurs au seuil de toutes les grandes ruines, et leur psalmodie une chanson circulaire qui les endort ou irrite leurs nerfs, et porte un tort infini à la merveille exhibée. Je comptais donc sur ce personnage universel et réfrigérant, comme une femme adroite compte sur le verre d'eau qu'une camériste intelligente lui jette au visage après deux minutes d'évanouissement prémédité.

Dans ma vie de voyages, j'ai vu beaucoup de ruines ; les hommes n'ont fait que ce travail, depuis Henochia, la première des villes. « Les enfants brisent tout ! » disent les hommes. Or, j'ai toujours rencontré un cicérone de cinquante ans, ruiné lui-même, et portant sur son front dévasté quelques tiges de saxifrages gris qui tremblent au vent. Je l'avais trouvé partout, je le cherchais à Heidelberg.

Une femme, jeune, charmante, mise avec une élégance parisienne, sortit d'un arceau de lierre, comme un gracieux fantôme de midi, et me demanda, en excellent français, si je désirais visiter les ruines. Le cicérone vieux, gris et universel ne fut pas regretté ; je m'inclinai devant ce jeune guide des antiquités allemandes, et je fis le signe qui veut dire : « Je vous suis, précédez-moi. »

Tout à coup, le charmant cicérone se transforma en fée menaçante, et me dit :

— Venez voir les horribles choses que votre compatriote le général Mélac a faites chez nous !

Aussitôt, je regrettai le cicérone universel, parce qu'il n'avait jamais mis sur mon compte les ruines faites à Rome par Brennus et le connétable de Bourbon. J'allais donc battre en retraite, de peur d'être immolé dans le tonneau d'Heidelberg, à la place de Mélac, contumace ; mais un sourire de la fée adoucissant tout de suite la dureté de l'apostrophe, je repris courage et je la suivis, fort de mon innocence, sous les voûtes sombres ravagées par Mélac.

Dès ce moment, il ne fut plus question de mon compatriote ; la fée redevint une femme obligeante, et, comme elle s'exprimait dans ma langue avec une facilité admirable, je fis auprès d'elle un cours complet d'histoire au lugubre chapitre de la guerre du Palatinat. Il faut donc payer cette leçon au gracieux cicérone : c'est ce que je veux faire aujourd'hui, pour régler tous mes comptes d'Allemagne ; car je pars ce soir pour Paris. De Nauheim à Heidelberg, il y a quelques heures de locomotive ; c'est une promenade. Tout à l'heure, en passant, je jetterai cette lettre à la poste de la station, à l'adresse de l'aimable cicérone, qui se souvient beaucoup du général Mélac.

Eh bien, oui, madame, vous êtes dans votre droit, en vous souvenant si bien. L'oubli est un encouragement donné aux actions mauvaises, et l'incendie d'Heidelberg ne sera jamais éteint dans les mémoires palatines. Sans doute, la guerre a ses terribles nécessités ; mais ce qu'elle fait dans le droit de sa rigueur est déjà suffisant ; au delà commence la barbarie. Il est permis aux hommes, sous prétexte de Rhin, ou d'Alpes, ou de Manche, de s'entre-tuer, sur une plaine, au mois de juin, s'ils trouvent la chose amusante ; mais ce qui est défendu comme un crime indigne de pardon, c'est de livrer à l'incendie deux villes et trente villages, et à la misère, à la faim, à la mort, les femmes, les enfants, les vieillards, habitants inoffensifs des maisons et des chaumières incendiées. Il y a deux siècles de cela; non, il y a deux jours; il y aura éternellement deux jours? Les choses de la veille ne peuvent donc pas s'oublier!

Ainsi, chez nous, l'histoire de la guerre, ou, pour mieux dire, des incendies du Palatinat, semblait appartenir aux âges fabuleux. Excepté pour les rares lecteurs qui lisent attentivement et se souviennent de leurs lectures, personne ne connaissait les désastres d'Heidelberg et les épouvantables exécutions de Mélac; votre ville, si gracieuse et si belle, était inconnue du voyageur français; et vos auberges se partageaient à peine tous les ans deux pèlerins parisiens. Voilà que tout à coup le chemin de fer, ce père de tant de miracles modernes et de révolutions bienfaisantes, met une station à la porte d'Heidelberg, et quelle station! C'est le digne péristyle des magnificences qui vous attendent; l'architecte s'est servi de cette belle pierre rouge qui s'harmonise si bien avec le décor vert de la nature; les fleurs et les plantes pariétaires courent le long des arcades, serpentent sur les corniches, se massent en grappes énormes sur les piliers. Au dehors, les collines prennent les plus gracieuses inflexions et couronnent

8.

l'embarcadère d'une guirlande de forêts; à leur pied, de charmantes maisons forment le faubourg de la ville, et l'embellissent d'une ceinture de haies vives et de jardins. Le voyageur oisif, qui n'a aucune affaire d'urgence à régler à Francfort, est arrêté sur la grande route par cette station; il n'a pas le courage d'aller plus loin; il fait une halte à Heidelberg; il veut voir toute l'œuvre que cette ravissante préface lui promet. C'est donc maintenant que l'histoire du Palatinat de Louvois et de Mélac va être mieux connue. Le chemin de fer est un grand professeur d'histoire, et l'intelligente administration de l'Est, celle qui lance ses locomotives vers le Rhin, a inventé un procédé excellent pour que rien ne soit perdu en voyage. Elle vous donne un long rouleau de bulletins, divisé par étapes, et, avec ce firman de route, il vous est permis de vous arrêter où vous voulez, et de faire en un mois le voyage d'un jour, si cela vous convient. Il ne vous en coûte pas davantage. Puis, avec la nouvelle combinaison, mise en exécution l'été dernier, Francfort est à dix-sept heures de Paris — il n'y a plus de kilomètres, il y a des heures. Heidelberg est à deux heures de Francfort et à trois des bains de Nauheim; le cours d'histoire palatine sera suivi, avec un concours qui manque à la Sorbonne, privée de chemin de fer. Il est plus facile, au mois de juin, d'aller à Heidelberg qu'au sommet de la rue Saint-Jacques. Tout le Paris voyageur ou baigneur va faire connaissance avec le général Mélac. Vous savez mieux que personne, madame, qu'au sommet des ruines de votre château, il y a une statue de la justice : le temps, le canon, les orages, la foudre, n'ont pas abattu cette Thémis et ne lui ont pas arraché sa balance; Louvois n'était pas jugé, il le sera; l'histoire n'était pas faite, elle se fera.

Les leçons seront profitables à tout le monde; en flétrissant le passé, on honore le présent, on pacifie l'avenir.

Par bonheur, Heidelberg, prévoyant sa nouvelle fortune, est abondamment pourvu d'hôtelleries. Les caravanes françaises qui vont venir y trouveront bon gîte et bon festin. Les hôtels du *Prince-Charles* et de l'*Aigle* devront surtout leur vogue à leur position. Le voyageur descendu dans l'un de ces deux établissements ouvre sa fenêtre, regarde là-haut et ne cesse plus de regarder.

— Quelle est cette Palmyre de l'air?

— C'est la cible du général Mélac, répond une voix railleuse....

Au mois de juin 1693, on chanta un *Te Deum* à Notre-Dame et on illumina Paris, par ordre de Louvois, pour cette belle action. Louis XIV était redevenu enfant; il ne commandait plus.

Le voyageur ignorait ces choses; il en ignorait bien d'autres!

— Quelle horrible guerre! dira-t-il en contemplant cette merveille de la Renaissance, morte pour ne plus renaître.

Horrible guerre! dites-vous? Eh bien, non! la guerre a toujours son côté noble et généreux; ce ne fut pas une guerre; il faut trouver un nouveau nom à cette chose de 1693. La guerre, c'est la marche retentissante d'une nation armée qui fait trembler le sol entre quatre horizons! la guerre, c'est le choc de deux peuples, qui semblent épuiser tous les tonnerres du ciel pour voiler la terre de fumée, la crevasser par le fracas, l'inonder de sang, la gorger de cadavres! Eh bien, quand s'accomplissent ces épouvantables consommations de chair humaine et de salpêtre infernal, il y a autour des survivants quelque chose de si merveilleusement héroïque, qu'un cri d'admiration éclate dans le monde, et que la froide sagesse elle-même voit la gloire et oublie le sang versé.

— Quel est ce bruit qui fait trembler la terre? disaient les soldats accourus au bruit du canon lointain de Borodine.

— C'est la France qui passe! » répond le colonel.

Mais, ici, à Heidelberg, ce n'est plus la guerre; c'est Mélac avec une escouade, une cavalerie de cinquante hommes et cinq canons, qui assiége un château de cartes, dominé par cinq montagnes et dépourvu de défenseurs! c'est une armée de secours envoyée par la Hesse voisine, et composée de quatre cents fantassins, qui est attaquée sur le Neckar par Mélac, et fait perdre aux Français, dit l'histoire, *un homme et deux blessés!* Absurde parodie des grands faits d'armes! Oui, chantez un *Te Deum* et illuminez Paris pour ces exploits épiques! la chose en vaut la peine! Mais le sérieux le voici. Il faut peu de troupes et moins d'argent, comme dit le maréchal de Trivulce, pour conquérir un modeste pays d'agriculteurs allemands; il ne faut qu'une torche pour incendier deux villes et trente villages; le feu est contagieux. Il ne faut que cinq mauvais canons pour hacher à morceaux un admirable musée aérien, brodé

par les fées du Rhin, et défendu par des statues de
pierre ! La bataille a coûté un homme à Mélac, quel
carnage ! Il faut venger ce mort ; c'était l'élite d'une
armée de trois cents hommes, de cinquante dragons
et de cinq artilleurs. Écroule-toi, merveille de granit
rose, paradis de la montagne, Alhambra des chrétiens!
la foudre du ciel, ta voisine, t'avait touchée sans te
faire une lézarde ; Mélac sera plus fort ; il reviendra
deux fois à la charge contre toi ; il t'avait mutilée en
1693 pour te décapiter ; c'est son *delenda Carthago*,
il a une rancune contre Heidelberg. Après le sac du
château, la ville sera pillée, violée, incendiée : c'est la
loi des grandes guerres : demandez à Théodoric.
Maintenant, apportez la charrue, et semez du sel ; il
n'y a plus d'Heidelberg. Louvois est content. Louis XIV
est vengé d'Hochstedt, de Malplaquet, de Ramil-
lies. Les cinq artilleurs sont nommés colonels. Seulement, dans l'exaltation de la victoire, on a oublié sur
les piédestaux les statues des électeurs palatins ; ces
hommes des anciens jours sont encore là, du côté des
jardins, dans des attitudes héroïques ou des poses
que le canon leur a faites. Ceci tient du prodige ; il
faut les voir ; la meilleure description ne leur rendrait
pas justice. Ils ont des figures qui rappellent les Daces

de l'arc de Constantin, à Rome, et qui appartiennent à cet art plastique émouvant et fruste inconnu des Grecs. Après deux siècles, ils sont encore là, debout, et protestent contre une dévastation impie; les uns vont s'élancer sur Mélac pour le défier en combat singulier; les autres, frappés au cœur, chancellent depuis 1693 et se suspendent sur l'abîme ; les plus graves se sont voilés de lierre et regardent stoïquement, par deux éclaircies ménagées, le désastre sacrilége qui va réduire en poussière ce temple auguste élevé à la gloire des artistes et des héros ! Rien au monde n'est comparable à cet ensemble de dévastation, où tourbillonnent ces statues vivantes qui protestent, ces murailles qui s'écroulent toujours, ces blocs de granit qui éclatent sur la mine, ces mufles de lions qui rugissent au bruit de l'artillerie, et ces gouffres de verdure qui s'apprêtent à tout ensevelir, quand tout se sera écroulé. Au mois de juin, le soleil, qui donne des sourires aux berceaux comme aux tombes, inonde de lumière ce monde de ruines, de spectres, d'arbres, de lierres, de fleurs, et en fait une chose joyeuse, comme la terre sépulcrale où dorment les chevaliers de Pise, devant les fresques primitives de l'art florentin.

Maintenant, madame, c'est un fait accompli ; votre merveilleux château ne peut renaître de ses ruines ; ainsi, acceptons-le tel qu'il est : après le côté sombre, envisageons le côté riant de la question.

Si le château n'eût pas été détruit, il serait probablement habité par les locataires princiers, et regardé par les voyageurs, comme Biebrich et Stolzenfels. Il arriverait alors à cette résidence électorale ce qui arrive à tous les vivants, on la contesterait. La critique se mêlerait à l'affaire. Les uns blâmeraient la façade comme entachée de bourgeoisie ; les autres trouveraient que ses statues sont inférieures à l'Apollon du Belvédère et à l'Antinoüs ; tous s'accorderaient généralement pour dire que la vie est trop courte pour escalader des montagnes et visiter des châteaux perdus dans les nuages. Aujourd'hui, Heidelberg jouit du bénéfice des morts ; la critique briserait ses dents contre ses pierres ; règle universelle : tout ce qui a vécu est supérieur à ce qui est vivant. Il paraît que la chose est aussi admise en Allemagne, car votre illustre compatriote Copernic mourut tout exprès la veille de la publication de son livre, afin de rencontrer, dans la critique, cette justice enthousiaste qu'on ne donne qu'aux morts. Si votre château s'épanouissait encore dans sa beauté intacte, comme avant 1689, bien peu de voyageurs s'arrêteraient à la station pour lui rendre une visite ; vous-même, madame, vous n'auriez pas dans son vestibule ce délicieux appartement que vous occupez aujourd'hui, et vous n'auriez pas le droit de vous promettre une petite fortune, honorablement gagnée, dans la profession aérienne que vous exercez avant tant de grâce et d'esprit. Certes, cela n'excuse pas le général Mélac, j'en conviens ; mais, en considération du bien que le mal a fait, la jeune châtelaine des ruines peut adoucir sa sévérité envers mes compatriotes qui n'ont pas chanté un *Te Deum* et illuminé Paris, en 1693, pour célébrer la victoire d'Heidelberg. Si, repoussé par votre foudroyante apostrophe et ma prétendue complicité avec Mélac, j'eusse brusquement abandonné la partie, de peur d'être incendié ou détruit par droit de talion, je rentrais à Paris, et, unissant ma plume à celle de mes confrères, je me hâtais de supplier tous mes compatriotes voyageurs de franchir au vol la station d'Heidelberg, car il y avait péril pour les complices éternels du général Mélac. La peur est contagieuse ; tout voyageur est prudent ; chacun songe à se conserver pour sa famille, et, si mon avertissement de précaution eût trouvé de l'écho, vous n'auriez plus vu, madame, un seul visage français. Un vieux cicérone, vêtu de lierre, qui m'aurait choisi du regard comme le bouc émissaire des cinquante dragons de Mélac, me mettait en fuite et sans retour; mais je n'ai pas osé avoir peur devant une jeune femme, qui me faisait, sous un air sérieux, une joyeuse querelle d'Allemand; et, depuis, j'ai revu quatre fois les ruines d'Heidelberg, et je les reverrai toujours. J'ai même acheté, à la boutique qui fait face à Prinz-Carl, une belle gravure représentant une vue générale de cette ville, prise sur la rive droite du Neckar, à l'extrémité du pont; elle est encadrée, et décore mon cabinet de travail. Aux yeux de ceux qui la voient sans connaître l'original, elle produit l'effet d'un paysage de fantaisie, composé par un peintre de grande imagination. J'ai découvert qu'on vend cette gravure, à Paris, chez Goupil; on l'exposera aux vitres, comme un poëme de Martynn à l'*aqua-tinta*; des amis, dont la plume est populaire, m'ont promis de faire pour Heidelberg ce que les touristes font pour le Colisée, depuis Théodoric; il faut qu'Heidelberg soit célèbre comme le château de Saint-Germain, et que la guerre du Palatinat soit aussi connue que la guerre de Troie. Alors commencera l'expiation.

En 1689 et 1693, la petite bande de Mélac suivit ténébreusement le sommet boisé de cette longue chaîne de montagnes qui s'étendent d'Oets à Hoppenheim, et presque jusqu'à Francfort. J'ai étudié cette marche féline, à mon dernier voyage. Un matin, les cinq artilleurs arrivèrent sans bruit sur la crête qui domine votre château, au point même où les musisiens exécutent des ymphonies pour égayer la magnifique promenade des ruines. Heidelberg se réveilla en sursaut, et ne s'endormit plus. A dater de l'ère du chemin de fer, l'invasion française procédera autrement. Nous irons tous, au grand soleil, par l'admirable route de Francfort; s'il y a des artilleurs dans nos caravanes, il n'y aura pas de canons. Nous ne suivrons aucun détour masqué pour entrer dans la ville; nous descendrons à cette gare immense et hospitalière, qui sera bientôt le rendez-vous du monde voyageur et du monde artiste. En voyant cette ville neuve, ces maisons blanches, ces rues modernes, nous songerons à l'incendie de 1693, et chaque Français comprendra qu'il a sa part d'indemnité à donner pour le désastre inouï qui obligea une ville à se rebâtir tout entière sur ses cendres. Ce sera une chose nouvelle dans l'histoire, et qui ne pouvait être accomplie qu'avec le chemin de fer et la civilisation. Depuis l'incendie de Troye ou de Sagonte, aucun neveu d'incendiaire n'est venu donner sa part de réparation au dommage causé par les folies paternelles; on verra cela chez vous, dans cet avenir où tant d'imprévu se révélera. J'ai déjà vu, moi, sur la place du marché, devant l'église, des Français voyageurs prodiguer les secours aux pauvres d'Heidelberg ; qui sait, pensaient-ils, si ces infortunes de rue ne remontent pas à 1693, par la tradition de la misère ? Il y avait l'autre jour, sur le parvis de votre église à façade rouge, une pauvre mère qui donnait à son enfant un lait épuisé ; la place était déserte et pleine de soleil ; il n'y a là ni boutiques ni passants; les voyageurs seuls viennent voir l'église, bâtie avec cette belle pierre qu'on trouve partout à Heidelberg. Ces voyageurs donnèrent la vie à cette pauvre mère et à son enfant. Je les ai reconnus, madame, c'étaient des compatriotes du général Mélac; c'étaient les neveux des incendiaires du Palatinat. Vous, madame, plus que personne, vous êtes destinée à voir grandir, d'année en année, l'invasion française; vous avez le bonheur d'être jeune, et l'avantage de parler notre langue comme une Parisienne, et vous êtes la châtelaine de ces ruines, qui sont la merveille du pays des ruines. Cet Alhambra du Neckar est à vous ; personne ne sait mieux que vous conduire l'étranger dans le labyrinthe, et lui faire l'histoire de chaque salle, de chaque galerie, de chaque statue, de chaque pierre ; vous êtes l'historienne d'Heidelberg, et on vous écoute avec un grand charme ; eh bien, j'ose vous prédire que les compatriotes du général Mélac seront si nombreux, que le total des honoraires donnés au professeur prendra les proportions d'une fortune ; un jour, vous serez rentière en Palatinat et propriétaire d'un joli cottage sur le Neckar ; c'est dans l'attente de ce prochain avenir que je vous conjure de changer en sourire de bon accueil ce regard sévère que vous avez donné à un compatriote de Mélac. « A quelque chose malheur est bon, » dit le proverbe. Les Français vous ont faite châtelaine : c'est un beau titre ; Mélac vous a faite historienne ; c'est une belle profession. J'ai donc, pour les services rendus, une autre prière à vous adresser. Dans cette salle basse, à haute cheminée, cette salle qui a un air féodal à faire peur, il y a une grappe de boulets d'origine française ; vous me les avez montrés, en me disant avec une ironie charmante :

— *Voilà les cadeaux de vos compatriotes.*

J'ai baissé les yeux; j'aurais voulu lancer ces cadeaux dans le précipice voisin, les dérober aux regards de la postérité, anéantir ces pièces accusatrices. Il ne vous est sans doute pas permis, à vous, madame, dépositaire de ces reliques, de les lancer dans les eaux du Necker; mais rien ne vous oblige à provoquer notre attention sur les vieux projectiles des cinq artilleurs de Mélac : laissez-les reposer obscurément au milieu de tant d'autres ferrailles; il y a, dans votre château, telle abondance de merveilleuses choses, que les boulets n'ajouteront rien à cet incomparable domaine des ruines; et les nombreux pèlerins de France n'auront plus à fermer les yeux devant vous, ce qui est vraiment dommage. Notre compte étant ainsi réglé, toute rancune cessant de votre côté ou du mien, je vous promets d'aller signer notre traité de paix, au mois de juin prochain, sur le fameux tonneau d'Heidelberg, en regrettant qu'il soit vide; mais, après mûre réflexion, il ne faudra pas faire la chose à demi; nous pardonnerons aussi, vous et moi, au général Mélac; et nous apprendrons un autre nom d'épouvante aux petits enfants d'Heidelberg, qui sont menacés de Mélac, par tradition domestique, depuis deux siècles. Ce que je vous demande là vous paraît exorbitant, et bientôt rien ne paraîtra plus simple à votre intelligence. Mélac était sans doute un de ces vieux officiers, esclaves de leur devoir, et qui ne soumettent jamais au raisonnement l'ordre reçu d'en haut. L'obéissance passive est dans tous les pays la première vertu militaire. Louvois, ministre dirigeant et absolu, est le seul coupable des incendies du Palatinat. Soldats et officiers exécutaient des ordres impitoyables sans doute, mais des ordres ; ils subissaient d'ailleurs eux-mêmes toutes les chances de la guerre, les fatalités des pays ennemis, les fatigues, les besoins, les privations, les maladies, qui à cette époque rendaient les campagnes si pénibles et mettaient l'exaspération au cœur du soldat. Il faut donc, pour être équitable et donner raison au hasard providentiel qui a laissé la statue de la Justice debout sur les ruines d'Heidelberg, il faut abandonner le legs du crime au véritable héritier, à Louvois, qui, sans colère et sans péril, et voluptueusement installé dans sa Capoue de Versailles, signait au printemps, devant le jardin de Flore, ces ordres sauvages, qui provoquaient contre la France une longue et légitime malédiction entre le Taunus et le Rhin. Le bras exécuteur est presque toujours innocent ; la pensée qui pousse le bras est coupable. On se trouve souvent en pareille erreur d'appréciation, car le patient ne voit que l'exécuteur et ne remonte pas plus haut; mais lorsque, grâce aux révélations du chemin de fer, les anciens procès historiques vont de nouveau être soumis aux assises d'une postérité calme et impartiale, toute confusion traditionnelle doit être éclaircie, et les vrais coupables doivent être nommés. La mémoire du général Mélac a tout à gagner à ces nouveaux débats; Heidelberg, ville studieuse et savante, comprendra cette tardive justice mieux qu'une autre ville du Palatinat, et peut-être un jour ses enfants oublieront le nom séculaire qui les indigne encore, pour apprendre l'autre nom qu'ils n'ont jamais prononcé. C'est une question d'horloge et d'avenir. Veuillez bien, madame, pour votre charmant cours d'histoire de France, prendre bonne note de mon observation humblement soumise à votre équité.

Votre tout dévoué,

MÉRY.

# UNE RESTAURATION

Un touriste de nos amis nous a rapporté d'un voyage à Heidelberg une fâcheuse nouvelle. Le badigeon et la truelle bourgeoise menacent cette vénérable ruine, si justement nommée l'Alhambra de l'Allemagne ; on va, dit-on, faucher les lierres gigantesques greffés par deux siècles sur les tours palatines ; on va relever ces murailles énormes, tombées sous le canon de Mélac ; on va donner une toilette de cour à ce superbe fantôme qui traîne son linceul de saxifrages au clair de lune, sur la montagne de Neckar. L'illustre ruine menace ruine. La relique sera une maison.

La gardienne des débris de Heidelberg s'est émue avec raison, et elle a bien voulu s'adresser à un Français, ami de l'Allemagne, en l'engageant à plaider contre cette restauration vandale, qui va déshériter la station de Heidelberg. Cet avocat, nommé d'office, ne croit pas avoir le crédit qu'on lui suppose. Un ambassadeur officiel ou la Diète de Francfort auraient bien plus de chances de succès dans l'affaire en litige ; mais, comme en terre française on n'a jamais répondu par un silence brutal à la requête d'une femme, le touriste essayera de faire de son paletot de voyage une toge d'avocat.

Les grandes ruines sont de grandes médailles plus instructives et plus vraies que toutes les histoires écrites : elles sont, pour les peuples, un but de pèlerinage ; on va lire ces dates pétrifiées qui se rattachent à un immense fait accompli et en consacrent l'authenticité incontestable, et il pourrait bien y avoir au fond de cette étude un grand profit pour l'expérience et la civilisation. Certainement, jusqu'à l'heure où nous sommes, les grandes ruines, classées comme curiosités archéologiques, n'ont pas donné un degré de plus à la sagesse des rois et des peuples. Les ruines de Palmyre, de Thèbes, de Rome, n'ont jamais conseillé aux nations d'anéantir la race des Cambyse, des Attila, des Théodoric et autres ravageurs illustres ; mais notre petite planète est encore bien jeune ;

elle apprend à lire, et les ruines, ces pans de mur tracés dans l'air, sont l'alphabet de son expérience ; hier simples lettres, aujourd'hui elles forment déjà des mots, demain elles donneront des phrases ; puis, le livre de la civilisation universelle, relié par des réseaux de fer, ouvrant ses pages, depuis les ruines du Mara-Appi, dans Java, jusqu'aux ruines signées de notre guerre palatine, et prêchant partout la fraternité de l'avenir en éteignant la haine du passé. Aucun livre de philosophie n'égale celui-là ; aucun n'enseigne mieux la sanglante folie de l'homme ancien à la sagesse de l'homme moderne. En voici le corollaire : Tout ce qu'il y a eu de grand, de pieux, d'éclairé dans le monde, a baigné de nobles sueurs les chantiers de l'intelligence, pour changer en merveilles des arts la pierre brute des montagnes ; puis sont venus de stupides iconoclastes, des ravageurs ennuyés, des Érostrates sans nom, qui, dans leurs amusements de bandits, ont tout saccagé, tout détruit, tout noyé dans les larmes et le sang, pyramides et colisées, sépulcres et basiliques, colonnes et panthéons, tout jalon merveilleux marquant un progrès du génie de l'homme dans l'étude de l'art ou de Dieu. On ne saurait donc environner les ruines de trop de respect conservateur ; on ne saurait suivre avec trop de piété l'exemple donné, en 1675, en 1750, par deux pontifes intelligents, Clément X et Benoît XIV, qui, malgré les sonnets épigrammatiques de Marforio et Pasquin, vinrent en aide aux murs croulants du Colisée, pour laisser un anathème éternel sur la mémoire de Théodoric et du connétable de Bourbon.

Du colisée à Heidelberg, de la ruine romaine à la ruine palatine, il n'y a aujourd'hui qu'un trait d'union de fer. Les deux merveilles, les deux grandes lettres de l'alphabet de l'expérience sont voisines ; le Tibre et le Neckar, *ambo flavi*, se ressemblent même comme deux gouttes d'eau. Il n'y a rien à changer à ces deux monuments de l'intelligence et de la folie humaines ; ces deux médailles n'appartiennent pas à leurs propriétaires officiels, elles sont la propriété de tout le monde. Un bourgeois peut se permettre de démolir sa maison ou de la restaurer ; un numismate n'a pas le droit de mettre en fonte les précieuses médailles qui lui appartiennent. Si le phénomène métallique nommé l'Othon grand bronze existait dans un médailler et comblait enfin cette lacune qui rend inconsolables les numismates collectionneurs, pourrait-il être mis en fusion comme un vulgaire décime ou lancé à la mer comme un caillou de ricochet, selon le caprice de son propriétaire? Non, mille fois non. Ce phénix serait le patrimoine commun; le possesseur n'en serait que le respectueux gardien. Et pourtant qu'importe à la science, à la civilisation, à l'histoire, la face à grand module de cet Othon, l'imbécile successeur de Galba et l'ennemi de Vitellius? Eh bien, les savants qui se désolent de l'absence de ce bronze sont excusables : un chaînon manque à leur chapelet numismatique; ce vide est une tache; la statue de leur histoire n'a que neuf doigts, et toute sa beauté splendide ne pourrait racheter ce défaut aux yeux de ses adorateurs. Et, dans le médailler des ruines, dans cette bibliothèque universelle qui nous console de l'incendie d'Omar, on voudrait anéantir le grand bronze de Heidelberg, sous prétexte de badigeonnage et de restauration! la chose est inadmissible, quoiqu'on vienne de me l'affirmer. Heidelberg, la ville de l'université savante, n'a pas besoin d'avocat étranger pour défendre sa relique; si elle est sérieusement menacée d'un pareil service, elle protestera dans les hautes cours d'Allemagne, et il y a toujours des juges à Berlin!

Le chemin de fer, ce grand révélateur des vieux

mystères historiques, ne nous a pas ouvert le vallon du Neckar pour nous montrer un château blanchi et renégat, une maison de plaisance convertie au culte bourgeois moderne. Nous ne connaissions les hauts faits de mons Louvois et les ennuis de Versailles que par les livres; nous les ignorions, par conséquent. Tout à coup, la vapeur entonne son *fiat lux*, perce dix montagnes comme des cerceaux de cirque, et nous révèle la guerre du Palatinat dans toutes ses horreurs encore fumantes. 1693 se fait aujourd'hui. On arrive à cette délicieuse station de Heidelberg, sous cette fraîche tente de voyageur, où les fleurs et les feuilles se marient si bien à la pierre rouge des colonnades, et on assiste au drame de Louvois, inspiré par les tragédies de son temps :

> Je ne vois que des tours que la cendre a couvertes,
> Un fleuve teint de sang, des campagnes désertes,

disait *Andromaque*; on affirme que la tragédie n'est pas amusante; on va la mettre en action, elle amusera. Ces deux vers composeront le paysage peint avec le canon de Louvois. Ce n'est pas la noble et grande guerre; c'est la tuerie et l'incendie dans les griffes des partisans, des condottieri, des reîtres, des bons drilles, des bâtards, des lansquenets. Ils sont quatre cents : ils ont passé furtivement le Rhin à la nage, comme les rats de la légende ; ils incendient trente-deux villages ; ils détruisent le château de Heidelberg, où respirent le génie des grands artistes de la Renaissance ; ils mutilent les statues de ce musée aérien ; ils anéantissent ce paysage où Michel-Ange s'était fait le collaborateur de Dieu, et pour couronner cette œuvre de démons, ils incendient la ville et noient les habitants dans son fleuve, et le 1er juin 1693, Louvois fait chanter un *Te Deum* à Notre-Dame. Louis XIV dormait. Allons, messieurs les restaurateurs de ruines, badigeonnez cette histoire ; rendez ce service à Louvois. Si on efface la leçon du passé, l'avenir recommencera.

Oui, c'est un faux bruit, j'aime mieux le croire. Dans les premiers jours de ce mois, aucune truelle ne menaçait Heidelberg d'une restauration meurtrière. Probablement tout l'été sera innocent, et on ne travaille pas l'hiver sur les montagnes ; la neige repousse le badigeon. Il y aura du temps pour réfléchir. En suivant la longue crête de montagnes vertes qui court de Heidelberg à Bade, on ne rencontre pas un maçon. La caravane du chemin de fer se compose de baigneurs, de touristes, d'hommes de loisir. Déjà Bade est en fête ; l'Éden se peuple, et tous les Louvois du monde ne sauraient y lancer une pomme de discorde. Strasbourg a ouvert pacifiquement toutes ses portes du côté de l'Allemagne; on interroge le Rhin en allemand, il répond en français. La campagne du Palatinat sera bonne en 1858. Le 23 mai, jour anniversaire de l'ouverture de la tranchée devant Heidelberg, il y a eu concert à Bade, et quel concert! un festival à deux mille voix ! il durera quatre jours. On chantera l'*Hymne au mois de mai* et la *marche du Printemps*. Strauss, le maître de chapelle du grand-duc, dirige les chœurs. Des banquets et des bals réjouiront encore cette fête olympique, et dans les entr'actes, les loisirs des heureux seront utilement employés aux excursions voisines : on visitera le vieux château, Eberstein, Geroldsau et Heidelberg. Ce sera le prélude d'une saison riche en promesses et plus riche en réalités. Fêtes sur fêtes; bals sur bals; musique partout; opéras inédits signés de noms célèbres; une comédie d'Amédée Achard, ce fécond inventeur qui a le style et l'esprit de tous les genres. Ajoutons, pour satisfaire les goûts du jour, des chasses royales et des courses de chevaux, comme à La Marche, avec des prix fabuleux. On s'amusera avec tant de verve, *pusilli et majores*, qu'on ne trouvera pas une main ennuyée pour porter à Heidelberg la truelle de la restauration ; et comme tous les étés se ressemblent à Bade et tous les hivers sur le Neckar, on ne pourra jamais ruiner la grande ruine du Palatinat.

# L'ARC DE L'ÉTOILE [1]

Du haut des tours de Notre-Dame, par une soirée limpide, lorsqu'on regarde Paris en laissant tomber sur lui les souvenirs de son histoire, on peut se faire à soi-même la plus intéressante des leçons chronologiques. Et, chose singulière! sur ce point culminant qui vous permet d'embrasser un horizon immense, ce n'est pas la vie présente de ce Paris qui met la pensée en recueillement, c'est son passé plein de brume et son avenir plein de lumière. On est dans la position du marin qui, de la cime d'un mât, regarde la terre abandonnée et l'horizon promis, sans donner un regard au vaisseau qui l'emporte.

La comparaison est si juste qu'elle ressemble à une

---

1. Ce paradoxe a paru il y a une dizaine d'années.

prédiction providentielle écrite sur les armes héraldiques de Paris et l'île nautique de la Cité.

A peine lancé sur le chantier de l'histoire dans son berceau de saules, Paris vogue à pleines voiles vers son avenir ; désormais rien n'arrêtera plus ce vaisseau qui porte les destinées du monde ; si l'Océan ne vient pas à lui, il ira chercher l'Océan.

Paris suit le mouvement des corps célestes, il va de l'est à l'ouest ; sa civilisation, toujours progressive, commence au quartier des Tournelles, à l'ombre de la Bastille ; la place Royale est son centre, et les prophètes lui disent : Tu n'iras pas plus loin. Puis, la place Royale devient un point de la circonférence ; la civilisation, marchant à pas gigantesques, arrive au Louvre et plante ses jalons d'avenir. Chemin faisant, elle démolit les masures lépreuses, les carrefours sombres, les cages de bois, les échoppes de plâtre, les tombes des vivants, et, dans ces limbes fétides, où l'homme, sa femelle et ses petits s'entassaient comme des races fauves, elle rend à tous la dignité humaine ; elle donne à tous l'air, la respiration, la vie et le soleil de Dieu. Ainsi, la civilisation n'a plus de bornes ; c'est le chemin de fer de la pensée ; elle a des stations.

L'arc de l'Étoile fut une borne; c'est une station aujourd'hui.

Ce sublime tableau de granit, où l'histoire gravée au ciseau défie les siècles, n'avait pas de cadre. Un arc de triomphe isolé comme une jeune ruine, et servant de distraction aux gardes de l'octroi!

Il y a dans la vie des capitales illustres des précédents que la civilisation suit par instinct, et qui lui marquent sa route plus tard.

Quand Rome éleva, sur les limites de la région palatine, l'arc de Constantin, ce monument magnifique où la sculpture de la vie abandonna les lignes tranquilles de l'arc de Titus pour animer les émouvantes figures des Daces, toute la ville courut après cette glorieuse légende de granit, et les maisons, les jardins, les villas, les temples, les palais, les boutiques suivirent la population. Ce fut bientôt l'endroit le plus fréquenté de Rome. On anima le désert en friche qui s'étendait du Colisée au grand Cirque, dans la vallée du Palatin et du mont Célius; on peupla, dans la région célimontane, tous les terrains qui avoisinaient le temple et le cirque de Claude, jusqu'à la moderne villa Mattei et celle de Servius, et on bâtit sur la même zone trois monuments qui annonçaient le progrès de la civilisation : la grande hôtellerie des voyageurs, et les temples de l'Espérance et de la Pitié.

Nous allons assister au même spectacle.

Une vaste et circulaire enceinte de palais encadrera l'arc de Napoléon, et sera comme l'écrin monumental de ce joyau des victoires, la reliure du livre impérial où le burin grava notre épopée de vingt ans.

De splendides rues suivront le cercle de cette bordure, ou rayonneront vers tous les points en partant du même centre. Ce sera le Paris de l'Étoile.

Son parc est tout prêt; ses arbres attendent les maisons; le vieux bois des suicides et des duels, le bois de Boulogne, devient l'Éden de la nouvelle Genèse parisienne : il a déjà ses pelouses, ses fontaines, son lac, ses cascades, ses allées élyséennes, ses jardins de fleurs, toute la féerie des fabuleux jardins d'Alcine réalisée par la baguette de la civilisation. Il a déjà son théâtre, où la musique et la danse doivent réjouir cette forêt mondaine, autrefois le champ de bataille des bourgeois; il a déjà son hippodrome aux mille méandres, où tourbillonnent, sans rivalité de préséance, les équipages armoriés et les voitures sans blason, les cavalcades des jeunes gens et des amazones, le luxe de la cour et le luxe du second peuple-roi.

Tableau immense, fête de tous les jours, rendez-vous de tout le monde, où Paris, ce vieux citadin étouffé, trouve enfin son parc de plaisance, ses Tuileries sans bornes, où l'été lui prodigue tous les soirs la fraîcheur des arbres et des eaux.

La vieille carte de Paris va rejoindre chez les collectionneurs archéologues la carte théodosienne, les systèmes des géographes Ératosthènes et Hipparque, et des savants qui mettaient des colonnes d'Hercule partout.

Il a été posé aussi comme un *nec plus ultrà*, par l'Alcide impérial, cet arc de triomphe de l'Étoile; et le voilà centre.

Du haut de son observatoire, on regarde alors vers les régions de l'est, brumes du passé, pour compter les étapes des âges. On voit, dans le lointain, la montagne où l'empereur Julien avait son palais et ses thermes; l'île Saint-Louis et l'île de la Cité, où trônèrent les rois; les clochers de la vieille abbaye, témoins des équipées des jeunes clercs et des *rendez-vous de bonne compagnie;* et devant ce mirage des siècles morts, on apprend encore mieux à connaître les faciles secrets d'un avenir déjà présent.

La ville neuve déborde l'arc de l'Étoile, étend ses ailes au nord et au midi, déracine les vieux arbres de Colbert, depuis la rue des Vignes jusqu'aux limites du quartier Beaujon ; achève partout ce qu'elle a déjà ébauché sur cette zone ; arrondit ses squares dans le jardin des Fleurs ; borde de palais l'avenue de l'Impératrice ; enclave des villas dans le bois de Boulogne ; change en quartiers de capitales les villages de Passy, d'Auteuil, de Chaillot ; transforme en rue triomphale la grande route voisine ; bâtit des maisons sur les pelouses de Saint-James ; confère à un peuple de villageois le titre de citadins, et donne des quais de granit aux berges calmes de la rivière, qui a emporté, comme un héritage, les saules de l'antique Lutèce, devant les arches du pont de Neuilly.

L'avenir est une nuit pleine de rêves, et lui seul, quand il se change en jour, peut donner raison aux conjectures ; mais, pour la théorie présente, appuyée sur la solidité du point de départ, tout observateur se fait, sans trop de risque, le prophète du passé.

En prenant comme comparaison la ville-modèle par excellence, Rome, celle dont l'histoire et la civilisation font une sœur aînée de Paris, nous la voyons arriver, en huit siècles, de la grotte de la Louve à l'enceinte Aurélienne, longue de vingt lieues, et peuplée de trois millions d'habitants. Lorsque la voie Appienne, ce premier chemin de fer, se déroula depuis le mille d'or du Capitole jusqu'à Brindes et à Anxur, c'est-à-dire dans la direction de deux mers, la Méditerranée et l'Adriatique, Rome devint l'hôtellerie du monde. Les chemins de fer créent les voyageurs, et, chose digne de remarque ! après ce développement prodigieux, chacun de ses quartiers garda son importance relative, rien ne fut déprécié par ce luxe d'extension, au contraire, la propriété vit partout augmenter ses droits. Chaque région devint une ville dans la capitale, avec ses ressources particulières, ses trésors, ses monuments, ses promenoirs ; et tous ces membres vivaient à l'aise de la vie du grand corps, en justifiant l'apologue local d'Agrippa.

Depuis l'enceinte Vaticane, restaurée par le pape Urbain VIII, jusqu'au tombeau de Cécilia Métella, et depuis les greniers de Lollius jusqu'au camp prétorien, c'est-à-dire sur les quatre lignes les plus étendues de Rome, et dont Paris moderne ne peut donner une idée, les quatorze régions de Rome jouissaient d'une prospérité industrielle à peu près égale.

Bien plus, lorsque César-Auguste, redoutant la disette pour ce peuple innombrable qui avait plus de spectacles que de pain, envoya un préfet en Égypte pour restaurer les antiques canaux du Nil, et retrouver ainsi les riches moissons d'autrefois, on créa un port fromentaire sur le Tibre, devant le mont Aventin, un port réservé aux navires d'Alexandrie et reconnaissables à la haute voile, dite *supparum*. Ce port, dont j'ai vu encore les vestiges au pied du *monte Testaccio*, donna à ce quartier, extrême limite de la ville, une importance merveilleuse; les maisons de plaisance s'alignèrent sur la rive gauche du Tibre, depuis la rotonde de Vesta jusqu'à ce nouveau port, qui fit de Rome une cité maritime : Horace raconte qu'il allait tous les jours à la dixième heure se promener, probablement avec Virgile et Varius, dans cette région suburbaine, où flottait le *supparum* des navires égyptiens, ce qui était sans doute un puissant attrait pour les trois poëtes, éternelle gloire du plus grand de tous les siècles. Voici maintenant à quoi nous conduit cette exhumation des choses du passé.

Les progrès de la science, les chemins de fer, l'électricité, qui révèle à peine ses merveilles; la suppression des distances, l'amour de la paix, l'adoucissement des mœurs, le génie des associations financières, le levier d'or du crédit, placent aujourd'hui Paris dans des conditions toutes nouvelles, que Rome n'a jamais connues, à l'heure même de sa plus haute civilisation.

Or, si déjà Paris s'est élevé au niveau de Rome avec les ressources ordinaires du passé, que lui est-il réservé de voir avec le secours des prodigieuses ressources du présent?

Cette force d'attraction qui était dans le nom de Rome et entraînait vers le Tibre les voyageurs de son petit monde, cette force est dans le nom de Paris : seulement, le monde s'est fait univers depuis Auguste, et la vapeur a mis les arches de ses ponts sur les rivières, les routes, les océans. Tel qu'il était, le monde Aurélien a donné trois millions d'habitants aux Sept-Collines. Le traité de paix, signé entre Dioclétien et Narsès, roi sassanide, détermine la véritable étendue de l'empire romain : il était borné au midi par les déserts des Libyens et des Garamantes; au nord, par le pays des Scandinaves; ses deux autres frontières étaient la mer Atlantique, d'un côté; de l'autre, la mer Caspienne. Ainsi les Sassanides, les Arméniens, les Sarmates qui voulaient faire le voyage de Rome, traversaient la Mésopotamie, la Cappadoce, la Galatie, la Bithynie, la Mysie, s'embarquaient ensuite sur la mer Ionienne, traversaient l'Archipel, doublaient le cap du golfe de Tarente, pour remonter l'Adriatique, et, débarqués à Brindes, ils se rendaient en litière, ou au pas de mule, à Rome, par la voie Appia.

On ferait aujourd'hui le tour du monde, dans le même espace de temps alors nécessaire à ces voyageurs, qui, sans trouver une seule auberge sur leur route, ni un vaisseau habitable pour passer les mers, tentaient le voyage de Rome, cette ville animée et redoutée de tous, éternel entretien du monde connu.

Aujourd'hui les voyages ont reçu un nom qui, à l'insu des parrains, dévoile le secret de l'avenir; on les appelle *trains de plaisir*.

On ne voyage plus; on se promène.

Un convoi est un salon à compartiments, garni de fauteuils dans toute sa longueur; les femmes arrivent aux stations en toilette de bal; les pianos arriveront bientôt; on finira par danser en chemin de fer; qui sait ! on pourra même employer les cinq lignes du fil électrique à la continuelle exhibition des notes d'une symphonie et d'un opéra, qu'on exécuterait sur l'orgue-Alexandre, au vol de la vapeur. Ce sera une ressource pour tant de jeunes musiciens, exilés des théâtres. Les riches administrateurs de ces chemins feraient les frais de ces partitions aériennes. Chaque ligne de fer aurait sa *portée* de notes, et on changerait en fanfare l'ennuyeux sifflet du conducteur.

Il est permis de tout supposer, de tout admettre, de tout rêver dans les éventualités du plus fécond de tous les avenirs, celui de nos neveux ; on peut hasarder toutes les prédictions raisonnables, appelées paradoxes par les heureux détenteurs de toutes les vérités.

Déjà, sur les chemins de fer d'Allemagne, on trouve de vastes salons ornés de glaces, de guéridons, de tables à jeu et de divans. C'est l'enfance. Un convoi sera plus tard une petite ville à roulettes. Il y aura salle de concert, bibliothèque, restaurant, café.

*La vie est un voyage*, dit un vieux proverbe providentiel. Ce proverbe aura plus raison que jamais. Les familles opulentes voyageront en se promenant. Les existences nomades des premiers siècles, les flux et reflux des migrations humaines doivent reparaître, mais cette fois avec l'édredon de l'hôtellerie, les charmes de la table d'hôte, les vins de France universels.

On nouera de jeunes intrigues en wagon, au premier sourire d'avril; on fera les demandes de mariage sous les arceaux fleuris des stations; il y aura des études de notaire dans les convois, pour les contrats improvisés, et des salons de noces de cent couverts, où les voyageurs de toutes les nations seront invités comme convives.

Quoi encore? tout ce qu'on oublie, tout ce que l'avenir ajoutera.

Les écluses de Suez et de Panama s'écroulent; l'Amérique vient d'être coupée en deux, à l'équateur; la Californie et l'Australie ouvrent leurs écrins pour payer les défricheurs du monde; le Nil se marie à l'Euphrate, l'Euphrate à l'Indus; le golfe Persique va devenir le fleuve de la Méditerranée; Surate et Bombay seront demain deux faubourgs de Marseille; le Malabar et Coromandel deux départements français.

L'électricité, à la fois oreille et langue, qui écoute et parle, va faire causer, en voisins de portes, Paris et Calcutta ; et devant tous ces songes réalisés, l'imagination timide n'irait pas au delà des proportions de Rome Aurélienne pour la future carte de Paris! et l'arc de l'Étoile resterait éternellement comme un anachorète pétrifié, pour doubler une grille d'octroi et couvrir de sa grande ombre les ruses de la contrebande! Oh! l'avenir rirait de nos doutes, s'il nous entendait!

Le port sous l'Aventin a été longtemps aussi un rêve pour Rome. Paris a pu entrevoir son avenir maritime, le jour où une vraie frégate, aux trois mâts pavoisés, a jeté l'ancre devant la place de la Révolution et de la Concorde. Cette frégate est la caravelle de Christophe Colomb; elle a découvert un nouveau monde. Les escadres ne manquent jamais d'arriver sur l'atterrage où une première ancre a imprimé ses dents.

Quand *le Solide* du capitaine Marchand découvrit l'île Baux, en 1792, il vit un port vierge, auquel la nature avait tout donné, excepté des vaisseaux. *La nature ne travaille jamais pour elle*, dit le célèbre marin; *les vaisseaux viendront*. Et ils sont venus là plus nombreux que les alcyons, un soir de tempête. Or, s'ils sont venus, sur cet écueil de l'Océan du Sud, à la suite du *Solide*, que ne feront-ils pas pour se lancer dans les sillons de la première frégate parisienne?

Maintenant, réfléchissez un moment sur le secours apporté par la science future et l'invincible force électrique, pour donner à la Seine un cours plus navigable, du Havre à Rouen, et surtout de Rouen à Paris, et dites, paradoxe à part, si Paris ne doit pas avoir son port devant son Aventin de Chaillot, comme Rome?

Le Champ-de-Mars est le port naturel de cet avenir, un avenir si prochain qu'il ressemble au présent.

Le quartier de l'Arc-de-l'Etoile descend alors vers le port de Paris, comme le quartier de l'Arc-de-Constantin descendit au port des greniers de Lollius.

Tout port attire les maisons. Ces jardins d'infirmerie, de villas de santé, de cures hydropates ou d'écoles primaires, ces immenses parcs habités par les oiseaux d'avril, ne demandent pas mieux que d'être habitables pour des hommes. Cette montagne s'habillera d'édifices. Ce quai des guinguettes, coupé par la barrière des Bonshommes, sera la bordure monumentale de la ville; quai de rivière devenu quai de port, et ne regrettant pas les arbres de ses jardins devant les mâts de ses navires.

Avec cette intelligence qui est l'esprit prophétique des capitales, Paris a la conscience de son avenir; il devine mieux que nous ce que le siècle lui réserve; ce qu'il croyait grand autrefois, pour ses besoins routiniers, il le trouve mesquin aujourd'hui.

On dirait que la voix des futures caravanes de la vapeur se fait entendre déjà dans le lointain; Paris crée des hôtelleries vastes comme les caravansérails des anciens pèlerinages de la Mecque; il ouvre des magasins pareils à des labyrinthes et peuplés d'une armée de commis; il bâtit des cafés grands comme des cathédrales, en désignant la place où chaque nation viendra s'asseoir; il élargit partout des rues triomphales, et fait sa toilette de reine pour recevoir dignement la visite de l'univers!

Plus heureux que Rome, Paris ne redoute pas l'invasion des barbares; il n'a pas humilié les Daces après la victoire, et les représailles ne menacent point les bas-reliefs de son arc de Constantin. Le *væ victis* provocateur n'est jamais tombé d'une bouche française, et la mansuétude chrétienne a atteint la race des Attila et des Théodoric.

Paris attend des visites et non des invasions; et cette attraction universelle qui est en lui, il la doit à l'urbanité de ses habitants, à la noblesse de son origine, à l'éclat de son histoire, à la douceur de son climat, au génie de ses artistes, au retentissement de ses fêtes, aux merveilles de son luxe, à la beauté de ses édifices, à la variété de ses spectacles, et même au prestige de ses défauts. C'est la capitale de la vie, et les peuples plus lointains n'attendent que la pose du dernier rail ou le bris de la dernière écluse, pour arriver jusqu'à sa porte triomphale et rajeunir leur vieillesse au souffle de sa civilisation. Cet avenir, disons-le encore, est la conscience de tous; nous formulons la pensée de nos voisins, et nos neveux diront sans doute que la folie des rêves a pu, par exception, devenir un jour la sagesse des réalités.

# HISTOIRE D'UNE MÉDAILLE

Un jour de l'été dernier, à midi, je me promenais dans la forêt de Schwalheim, une charmante forêt de la Hesse électorale et très-voisine de Friedberg.

La chaleur était, dit-on, excessive, et les pauvres paysans que je voyais passer au soleil, sur le petit chemin qui borde la forêt, paraissaient accablés par cette température méridionale, sorte de fléau pour les hommes du Nord.

Le thermomètre s'éleva bientôt à trente degrés Réaumur, ce qui produisit l'effet de quinze degrés au-dessous de zéro dans les horribles gelées de l'hiver ; la campagne se fit déserte. Les paysans même cessèrent de passer. Tous les êtres humains, et les animaux leurs esclaves, s'enfermèrent dans les cabanes, les métairies, les étables. Alors je franchis la lisière des bois et je vins me promener au soleil, pour essayer de rassurer les agriculteurs allemands avec mon facile héroïsme d'homme du Midi. On me laissa seul.

Tout à coup, je vis s'avancer du côté de Friedberg une escouade de soldats; ils marchaient au pas accéléré, mais ils avaient l'air d'obéir à une consigne, et il était facile de voir qu'ils se seraient mollement étendus sous les beaux arbres de Schwalheim, si le devoir leur eût fait ce doux loisir. La sueur ruisselait sur leurs joues ardentes et sur leurs fronts chargés d'un casque romain très-lourd.

Ils disparurent bientôt dans le massif d'acacias et d'ormeaux qui donnent leur ombre au joli cottage de Schwalheim.

Un instant après, une seconde escouade, marchant du même pas, traversa le même chemin et disparut sous les mêmes arbres. Ces soldats, me dis-je, vont ainsi, par escouades, d'un cantonnement dans un autre, de Friedberg à Giessen, par exemple; mais pourquoi, dans cette terrible chaleur, où l'économie du chemin est si bonne, prennent-ils un chemin de traverse et font-ils l'école buissonnière à travers champs, loin de la grande route de Giessen et de Marburg? Un soldat peut avoir un caprice, deux escouades n'en ont pas, quand il fait si chaud.

En voyant arriver la troisième, je me décidai à éclaircir le mystère de cette invasion de soldats électoraux dans le paisible domaine de Schwalheim, nommé si justement *la Fontaine de la vie* (*Fons vitæ*); ils s'y livrèrent à une véritable orgie hydraulique, comme s'ils eussent festoyé la naïade rouge qui coule à Bordeaux. Jamais soldats n'ont bu autant d'eau, avec plus de frénésie et de joie. A ce spectacle, j'éprouvai un sentiment pénible; l'eau était si fraîche et la sueur si ardente, qu'il me sembla que ces soldats étourdis et peu instruits en hygiène, avalaient des pleurésies à pleines coupes, et je crus devoir leur donner, par signes, un sage conseil de médecin d'occasion.

Un éclat de rire accueillit ma pantomime médicale, et l'escouade se remit à boire de plus belle, pour se moquer de moi en action.

Au même moment, M. le comte Curial, sénateur, dont j'avais l'honneur d'être le commensal en terre allemande, arriva en calèche devant la fontaine, et il me rassura complétement sur les pleurésies des buveurs. L'eau merveilleuse de cette source ne fait courir aucun danger en toute saison ; elle a été créée pour rafraîchir les voyageurs et les soldats, dans les chaleurs de l'été, sans leur nuire ; c'est un des cent priviléges de la source de Schwalheim, priviléges récemment constatés par notre célèbre chimiste, M. Mialhe, cette providence médicale de Paris.

Je rentrai dans la forêt voisine ; que faire dans une forêt, *à moins que l'on ne songe ?* comme dit la fable. Or, de rêverie en rêverie, je fus conduit à l'éclaircissement d'un grand fait historique. Les soldats de la Hesse électorale me firent remonter aux soldats de Germanicus. Là, l'imagination, cette folle du logis, lancée sur le chemin électrique de la pensée, traversa dix-huit siècles en un instant.

En tout pays, les soldats nomades font les traditions ; les escouades voyageuses qui défilaient ainsi devant moi continuaient de vieilles et même d'antiques habitudes d'étapes militaires. Il devenait pour moi de toute évidence que la fontaine de Schwalheim avait été visitée, depuis les premiers âges, par les soldats en route ou en maraude, et surtout par les Romains, peuple hydrophile par excellence, peuple passionné pour les naïades, et le seul qui ait dépensé des lieues d'aqueducs triomphaux, et d'incalculables sommes d'argent pour faire des orgies d'eau à la barbe de Bacchus.

Ainsi raisonnant ou déraisonnant, je pensai au désastre de Varus. Tacite me fut d'un grand secours : je sais par cœur toute la campagne de Germanicus, et les détails géographiques donnés par le grand historien latin sur le campement du mont Taunus, le pays des Cattes, les deux petites rivières, leurs marécages, leurs inondations et leurs berges trompeuses. Je crus me trouver sur le terrain désigné. Tacite me décrivait tout ce que je voyais autour de moi. Oui, pensais-je, ce bon Varus, cet ami de Virgile, ce Romain qui a été honoré d'une épître d'Horace, cet épicurien qui négligeait l'épais falerne pour la claire naïade de Blandusie, est arrivé ici avec ses trois légions, au mois de juillet; il y a établi son premier et son second campement, pour abreuver généreusement son armée de cette eau salutaire, et rendre un pieux hommage à cette naïade inconnue à Tibur et à Lucrètile, cette douce divinité qui se couronne de perles, comme une reine d'Asie, pour appeler et retenir les pèlerins. Et ce rusé Arminius ! cet adroit diplomate! ce premier des Metternichs ! comme il connaissait bien les passions de Varus et les goûts des Romains! avec quelle habileté il les a attendus, cernés, surpris, égorgés, dans cette forêt auprès de cette fontaine! Pauvre Varus! malheureux César-Auguste, mort de douleur à Nola, en demandant ses trois légions!

Cela me parut très-probable, et je publiai en Allemagne un petit travail sur mon hypothèse. Les uns m'approuvèrent; mais M. Dieffenbach, célèbre savant de Friedberg, s'inscrivit en faux contre ma théorie, et j'eus même sur les bras M. Bindermagel, libraire-éditeur, qui possède l'épée de Luther, et qui expose ses livres devant le collége, dans l'enceinte du château, à Friedberg.

— Et que pourriez-vous objecter, dis-je à mes adversaires, si je découvrais dans la forêt de Schwalheim des médailles de Germanicus?

— Que vous auriez placées vous-même la veille de la fouille? me dirent mes adversaires, en souriant comme Méphistophélès.

— Oh! messieurs, repris-je, ces sortes d'escamotages ne tromperaient pas même les aveugles. Si les fouilles se font, elles se feront dans des conditions telles, que la plus insigne mauvaise foi sera désarmée. Soyez tranquilles, je prendrai mes précautions.

Mes adversaires firent un signe d'adhésion et me serrèrent la main.

J'ai la passion des fouilles, mais c'est une passion platonique ; il faut beaucoup d'or pour remuer la terre, et ceux qui ont beaucoup d'or ne remuent rien ordinairement : ils se promènent sur le boulevard, et se disent : J'ai beaucoup d'or. Cela suffit à leur bonheur.

Un ami des lettres et des lettrés, un généreux anonyme, vint à mon secours et voulut faire les fouilles à ses frais. On manda trente ouvriers à Schwalheim, et on se munit de tous les engins nécessaires pour mettre les entrailles de la terre sur l'épiderme. C'était le 1er septembre 1856. Je convoquai plusieurs étrangers de distinction, entre autres le noble marquis de Clanricarde, le comte Curial et le comte Jouffroy ; ils me firent l'honneur de se rendre à Schwalheim et d'assister aux fouilles, qui furent laborieuses et pleines de péripéties jusqu'au troisième jour. Mes adversaires, présents au chantier d'exhumation, souriaient toujours.

Le 3 septembre, ainsi que je l'ai conté à Rossini, qui le savait d'ailleurs par un rapport antérieur, je fis exécuter l'ouverture de *Guillaume Tell* par un excellent orchestre conduit par le savant maître de chapelle Edmond Neumann, et le *Cujus animam gementem* du *Stabat*. Que voulez-vous? j'ai de ces sortes de superstitions. La grande musique porte bonheur. Donc, après midi, un cri de joie retentit à dix-huit pieds de profondeur, dans un abîme où se dégageait un fléau asphyxiant d'acide carbonique; l'ouvrier remonta, tenant dans sa main une médaille de Germanicus-César ! Dire l'émotion des assistants est impossible; une voix prononça cette parole qui mouilla de larmes les yeux des femmes : *Quand cette médaille a été déposée là, Jésus-Christ avait quinze ans.*

Je m'emparai de la précieuse relique, et je ne l'ai plus quittée depuis.

On continua les fouilles; on trouva soixante-quatorze médailles et une foule de débris d'armures d'origine romaine. Les adversaires ne souriaient plus.

L'électeur régnant, S. A. Frédéric-Guillaume, arriva à Schwalheim, avec le prince Maurice son fils. La distribution des médailles se fit alors. Nous donnâmes les plus belles aux princes de la Hesse électorale ; puis chaque témoin de la fouille reçut son contingent; les femmes les suspendirent à leurs colliers comme des bijoux de prix. Je n'emportai, moi, que cette médaille de *Germanicus*, décrétée par le Sénat, avec le titre de César, ce qui explique la phrase de Tacite : *Igitur Cupido Cæsarem invadit*, la phrase qui commence le plus beau chapitre qu'ait jamais écrit une plume d'historien.

Après la distribution des médailles et le départ des voyageurs, le tribunal de Hanau a commencé une procédure contre les auteurs des fouilles, et demandé la restitution de tant de trésors dispersés et presque tous ayant repassé le Rhin. La fouille avait été faite sur les domaines de l'électorat, et ce délit flagrant, prévu par les lois, exigeait une répression.

Nous étions alors en plein hiver, et je désirais bien me rendre à Hanau pour assister au procès, au risque d'être poursuivi comme complice, m'estimant heureux de me trouver compromis dans le désastre de Varus, devant un tribunal qui me criait : Rends-moi mes médailles ! sur l'ancien air allemand : *Varus, rends-moi mes légions*. Mais le froid augmente d'intensité aux bords du Rhin ; je me plaignis de mon tempérament qui me retenait au rivage, et je résolus d'attendre le mois de juin.

Voici le mois de juin ; je vais passer le Rhin et me rendre à Hanau.

Cependant le temps écoulé a singulièrement adouci l'affaire. On a néanmoins appelé en témoignage tous les ouvriers des fouilles et les fermiers du cottage de Schwalheim. On a appris que plusieurs médailles ont été offertes par les délinquants à S. A. Frédéric-Guillaume, l'électeur régnant, au prince Maurice et aux dames de la cour. Ce sont là des circonstances atténuantes, car elles étendraient la complicité en haut lieu. On continuera donc la procédure, mais seulement pour l'honneur du principe, et il y aura, pour la forme, une amende de quelques thalers. En fait, le tribunal de la Hesse électorale est dans son droit ; il a rigoureusement raison. Il ne doit pas être permis d'entrer dans une forêt appartenant soit à un État quelconque, soit à un particulier, et de labourer son terrain et de faucher son gazon. Le but ne justifie pas le moyen. Celui qui n'est pas autorisé à faire ce travail par le propriétaire mérite bien une poursuite judiciaire, et même une condamnation.

Une autre fois, j'adresserai une requête aux autorités de Hanau.

Toutefois, par mesure de précaution, j'ai résolu de faire graver, dans le *Monde illustré*, la médaille de Germanicus-César ; si, par hasard, on demandait l'extradition de ma relique, j'obéirais par déférence pour les lois, et, cette noble image, tirée à cinquante mille exemplaires, me dédommagerait un peu de la perte de l'original. Il y aurait toujours profit et bénéfice dans le délit de Schwalheim.

Un savant a commis une grande faute en traduisant le fameux passage de Germanicus dans Tacite, et longtemps j'ai été moi-même dupe de la même erreur, qui est impossible aujourd'hui, pour d'autres savants, s'ils s'avisaient encore de traduire des passages isolés sans remonter aux sources. Si le savant en question, au lieu de se loger à perpétuité dans la rue des Francs-Bourgeois et d'écrire l'histoire dans le jardin du Luxembourg, avait pris la peine de passer le Rhin et de commettre notre délit de fouilles en Hesse électorale, il n'aurait pas induit tant d'ignorants adeptes en erreur. Voici le fait, et ce sera une nouvelle circonstance atténuante dans le procès encore en instance à Hanau. Un avocat en tirerait un parti excellent dans ce bon pays d'Allemagne, où la vraie science est une seconde religion.

Tacite, ainsi que je l'ai dit plus haut, désigne Germanicus par *Cæsar*, à propos de l'expédition de la forêt de Varus. Or, en lisant ce *Cupido Cæsarem inva-*

*dit,* notre savant historien du faubourg Saint-Jacques a traduit ainsi : *Tibère eut le désir de rendre les derniers devoirs à Varus et à ses soldats.* Il a traduit *Cæsar* par *Tibère ;* il a fait de Tibère le chef de l'expédition. Un peu plus bas, Tacite dit que *Cæsar,* c'est-à-dire Germanicus, rendit le premier un pieux hommage aux ossements des légionnaires du désastre en semant le gazon sur leur tombe ; et l'historien ajoute que Tibère n'approuva pas cet acte de César. Alors le savant a été mis en complet désarroi ; ce Tibère désapprouvant Tibère a tellement bouleversé l'esprit du traducteur novice, qu'il a mis cet imbroglio sur le compte de la typographie elzévirienne, réputée infaillible jusqu'à ce moment, dit-il. Voilà un elzévir erroné. A qui donc se fier, grand Dieu ! Eh bien ! si ce petit travail arrive au traducteur, je lui recommande l'illustration ci-jointe. Il verra que Germanicus porte le nom de Cæsar, et il lira le sénatus-consulte sur l'exergue. Si, par hasard, il ne se contentait pas de la gravure, j'ai laissé pour lui la médaille même en dépôt chez les éditeurs du *Monde illustré.*

Ainsi, autant que chose antique peut être prouvée, il est très-admissible que Germanicus a campé devant Schwalheim, sur le terrain même où Varus s'est arrêté avec ses trois légions, si chères à Auguste. Le général romain, chef de cette funèbre et vengeresse expédition, était d'ailleurs parfaitement renseigné sur la route qu'il devait suivre, car Tacite nous dit que beaucoup de soldats échappés à la bataille ou à l'esclavage, après la victoire d'Arminius, servaient de guides dans l'armée de Germanicus : *Cladis ejus superstites, pugnam aut vincula elapsi.* Un fait immense s'est donc accompli, là, dans cette forêt si calme, si veloutée dans ses gazons, si fraîchement arrosée par ses deux petites rivières, l'Usa et la Wetter, mentionnées par l'historien romain. Grâce au chemin de fer, on peut s'arrêter aujourd'hui à la charmante station de Friedberg et planter, en été, sa tente d'un jour sur cette terre vénérable où campèrent Varus et Germanicus-Cæsar, où Tacite vint à son tour faire poser devant lui ces magnifiques paysages, qu'il gravait ensuite au burin pour leur donner une jeunesse éternelle. Aujourd'hui, la civilisation a changé ce pays et a fait une idylle d'amour d'une tragédie de sang. Une sérénité d'âge d'or règne dans cette solitude charmante ; on ne voit passer sur le chemin de Varus, d'Arminius et de César que les petits enfants et les jeunes filles de Friedberg et de Dorheim ; ils viennent processionnellement remplir leurs cruches dans la Fontaine de la Vie, la belle source aux perles, et ils rapportent à leurs familles ces trésors de santé, leurs médecins naturels. Aussi, tous les Européens qui passent sur la route ferrée de Cassel se font Germanicus et s'arrêtent un jour devant la naïade hygiénique de Schwalheim, où le cottage leur donne une douce hospitalité. Je m'y suis arrêté deux mois l'été dernier, et en le quittant je lui ai dit au revoir. A moins d'être poursuivi par la fatalité de Varus, il me semble que la mort ne peut atteindre personne dans cette atmosphère fortifiante où la vie coule et rayonne partout, comme une effluve du ciel.

UNE

# LETTRE D'ALEXANDRE DUMAS

Bakou (en Perse), aujourd'hui Russie d'Asie.

**Mon cher Méry,**

Je lis dans un journal russe que le bruit de ma mort s'est répandu à Paris et même en France, et que ce bruit a consterné mes nombreux amis. Le journal oublie d'ajouter que ce même bruit a réjoui mes nombreux ennemis, mais cela va sans dire.

Une fois déjà, vous avez été assez bon pour répondre sur votre tête que je n'étais pas assez fou pour me laisser mourir ainsi avant l'heure. Répondez-en, et, cette fois, sur la mienne.

Cela me ferait d'autant plus de peine, cher ami, de m'arrêter sur la route de France, que je fais un merveilleux voyage, si merveilleux que, si j'étais mort en réalité, je serais capable de revenir la nuit pour le raconter, comme saint Bonaventure (qui, il est vrai, avait lui-même l'avantage d'être saint, ce qui est d'une grande facilité pour ressusciter) revenant pour continuer ses Mémoires interrompus.

Je vous date ma lettre de la Perse, de la Russie, je ne sais d'où, mais je devrais vous la dater de l'Inde. Je suis en plein Parsis, cher ami, pour le moment. Zerdust, Zaradot, Zeretoctro, Zoroastre enfin, selon que vous voudrez le nommer, en persan, en pelhoi, en zend ou en français, est mon prophète, et le feu qui m'entoure est mon Dieu. Je suis sur une terre qui brûle, sur une mer qui brûle, au milieu d'un air qui brûle; ce qui a pu donner lieu de croire que non-seulement j'étais mort, mais encore que, comme M. Talleyrand, j'étais déjà en enfer.

Expliquons-nous : il y a de mauvais esprits qui pourraient croire que j'y suis pour mes péchés, tandis que j'y suis pour mon plaisir.

Vous n'êtes pas sans savoir, mon cher Méry, vous qui savez tout, que Bakou est considéré par les Guèbres comme un lieu saint à cause de ses puits de naphte; ces puits sont des espèces de soupapes de sûreté, à l'aide desquels Bakou fait la nique aux tremblements de terre qui désolent Chumaka, sa voisine. Or, je suis au milieu de ces puits, dont une soixantaine brûlent autour de moi et se donnent des airs de volcans, en attendant que la société Coquereff et Cie les force à faire de la bougie. Encelade est en train de faire peindre son enseigne; le Titan se fait épicier. Pourquoi pas? Il y a bien certaines époques en France où les épiciers se font titans. En somme, rien de plus curieux que ce temple flamboyant que j'ai vu hier, si ce n'est cette mer flamboyante que j'ai vue aujourd'hui.

Imaginez-vous, cher ami, que ces mêmes gaz qui viennent à travers des tuyaux de trois mille lieues s'allumer à la surface de la terre pour réchauffer les cadavres de la religion guèbre, font le même trajet, plus celui de quinze ou vingt pieds d'eau, pour s'allumer à la surface de la mer. La chose était complétement inconnue; on voyait seulement au milieu des vagues des ébullitions qui faisaient rage; on sentait une odeur de naphte, à croire qu'on était dans un vestibule de l'Etna ou dans un corridor du Vésuve, lorsqu'un capitaine imprudent, qui voyageait au milieu de ces tourbillons, tout en les faisant sonder, attendu qu'il les prenait pour autant de Malstroms, en miniature, jeta à la mer le papier avec lequel il venait d'allumer son cigare. La mer, qui, depuis cinq mille ans, n'attendait que ce moment-là pour prendre feu, s'enflamma sur une surface d'une demi-lieue, et le capitaine, qui croyait voyager sur la Caspienne, se trouva voyager sur le Phlégéton. Par bonheur, il faisait une jolie brise d'ouest, à l'aide de laquelle il gagna le large, laissant la mer faire une immense bouillabaisse d'esturgeons et de veaux marins.

Nous avons été ce soir renouveler l'expérience. La mer y a mis sa complaisance ordinaire et nous a donné spectacle gratis avec éclairage en feux de Bengale.

Mais, pour arriver à ce paradis de Brahma, il a fallu passer par le pont de Mahomet, c'est-à-dire par le Caucase. Nous avons écorné le territoire de Schamyl, et eu deux fois l'occasion d'échanger des coups de fusil avec le célèbre chef des Murides. Nous y avons laissé trois Tartares et un Cosaque, et lui quinze Circassiens que l'on a tout simplement dépouillés de leurs armes et jetés dans un fossé.

Moynet a profité de la circonstance pour faire une étude anatomique sans avoir besoin de payer modèle.

Dites à sa femme qu'elle a un mari bien économe.

C'est une bizarre machine que l'esprit. Savez-vous à quoi le mien s'était mis pendant ce temps-là ? A se souvenir malgré lui, et à traduire malgré lui en vers français une espèce d'ode de Lermontof, que l'on m'avait dite à Saint-Pétersbourg, et qui, depuis, ne m'était pas revenue à la mémoire. Elle est intitulée : *les Dons du Tereck*, et, comme elle a un caractère tout local, je vous l'envoie.

La voici :

### LES DONS DU TERECK

Furieux, mugissant, sauvage,
Des monts où l'aigle fait son nid,
Le Tereck descend tout en nage,
Roulant ses rochers de granit.
Sa sueur jaillit en écume.
Mais quand, sur la plaine qui fume,
Il s'est, rusé Circassien,
Répandu comme une onde honnête,
Présentant son humble requête,
Il dit au vieux lac Caspien :

« O vieillard ! partage ton onde
Et reçois mon flot éperdu.
Assez longtemps j'ai par le monde
Erré comme un enfant perdu ;

Il est temps qu'enfin je me range
Et que d'existence je change.
Près du mont Kasbeck je suis né ;
Je viens des cimes inconnues,
Enfant allaité par les nues,
A l'orage prédestiné.

« J'ai grandi, faisant dans ma course,
Autant que je l'ai pu, le mal ;
A peine sortant de ma source,
J'ai dévasté le Darial ;
J'ai pris un troupeau dans la plaine,
Vieux Caspis, et je te l'amène. »
Mais, bercé du bruit de ses flots,
Occupé de quelques merveilles,
Le vieillard fait la sourde oreille ;
Et Tereck reprend en ces mots :

« Je comprends ; tu ris de l'audace
Que j'ai d'offrir si peu ; pardon,
Laissons mes moutons à leur place ;
Je vais te faire un plus beau don :
C'est le plus brave des Tcherkesses.
La mort, arrêtant ses prouesses,
A pris le hardi cavalier
Au moment où, dans sa colère,
Pour mieux frapper son adversaire,
Il se dressait sur l'étrier.

« Il a son harnais de bataille,
Qui vaut à lui seul un trésor,

Une riche cotte de maille,
Des brassards damasquinés d'or,
Ses cartouches, pleines de poudre,
Dont chacune lançait la foudre,
Sont d'argent pur de Téhéran;
Son kandjéar était de flamme
Et portait, gravé sur sa lame,
Un verset tiré du Koran.

« Son œil semble, ouvert et farouche,
En face regarder la mort,
Un sang vermeil rougit sa bouche
Sous sa moustache qu'elle mord;
Sa tresse, humide de rosée,
Descend de sa tête rasée
Sous son papak de mouton noir. »
Mais Caspis sur le flot se penche,
Muet, mirant sa barbe blanche
Dans son gigantesque miroir.

Tereck alors : « Écoute, père ;
Je veux te faire un don sans prix.
Et, cette fois, enfin, j'espère,
Tu seras content, vieux Caspis.
J'ai soustrait aux regards du monde
Et je t'apporte sur mon onde,
Le corps plein de suavité,
D'une Cosaque jeune et belle,
Qui pour la mort garda rebelle
La fleur de sa virginité.

Sa chevelure déroulée
A les tons du blé qui mûrit ;
Son épaule pâle est hâlée ;
Sa bouche tristement sourit.
De même qu'un nuage voile
Parfois la splendeur de l'étoile,
Sur son front la pâleur descend,
Et de son cou sur sa poitrine,
Comme une larme purpurine,
Coule un faible filet de sang.

« Un seul homme dans la stanize [1],
Où chacun pleura son trépas,
Quoique l'enfant fût sa promise,
Sombre et muet, ne pleura pas.
C'est un Cosaque de la ligne,
Que pour son vengeur on désigne.
Il a sellé son noir coursier,
Jurant de ne pleurer sur elle
Que lorsque pendrait à sa selle
La tête de son meurtrier. »

Le fleuve se tait. — Froide et blanche,
Alors sur le flot mugissant,
La Cosaque aux yeux de pervenche
Apparaît en se balançant ;
Sa natte tombe échevelée
Sur sa gorge à demi voilée,
Réseau d'or sur un marbre pur,

---

1. Stanitza, village.

Où la mort, artiste suprême,
De sa main décharnée et blême,
Des veines dessina l'azur.

En la voyant, Caspis sur l'onde
Se dresse le front ruisselant,
Et, dans son orbite profonde,
Son œil s'allume étincelant.
Il étend les deux bras vers elle,
Et sur sa poitrine immortelle,
Presse le suave contour,
L'entraîne dans l'humide espace,
Et la vague sur tous deux passe
Avec un murmure d'amour.

Des vers! — Vous ne vous attendiez guère, n'est-ce pas, à recevoir des vers de moi datés du Caucase? Que voulez-vous, mon bien cher Méry, vous avez de tout temps été le confident de mes pensées poétiques. En 1827, — oh! notre pauvre jeunesse, où es-tu? — En 1827, je vous disais des vers de *Christine* sur la place du Louvre. En 1836, je vous disais des vers de *Caligula*, cité d'Orléans. En 1853, je vous disais des vers de *l'Orestie*, rue d'Amsterdam. — L'année prochaine, je vous en enverrai d'Athènes, de Jérusalem ou de Karthoun, car le malheur des voyages, cher Méry, c'est qu'ils donnent un irrésistible désir de voyager. Il est vrai qu'ici je voyage en prince. L'hospitalité russe est magnifique comme les mines d'or de l'Oural. J'ai eu jusqu'à cent cinquante hommes d'escorte, commandés par trois knès tatars.

Venez avec moi, l'année prochaine, mon cher Méry; l'Orient est votre véritable patrie; c'est l'Inde qui a fait éclore votre plus beau roman, c'est l'Égypte qui a fait mûrir vos plus beaux vers. Vous avez encore dans la tête ou plutôt dans le cœur cinq ou six romans et huit ou dix mille vers pareils qui ne demandent qu'à prendre leur essor. Ouvrez la cage à ces beaux oiseaux d'or, mon ami, et je serai là pour leur crier :

> Enfants d'un père que j'aime,
> Allez et soyez heureux !

Au revoir, cher ami, pensez quelquefois à celui qui pense bien souvent à vous.

ALEX. DUMAS

25 novembre 1858, par 25 degrés de chaleur.

# RÉPONSE

Paris, 7 janvier 1859.

Mon cher Dumas,

En quel endroit du globe lirez-vous cette lettre? Je n'en sais rien; mais vous la lirez. Aujourd'hui, les journaux ressemblent à ces feuilles marines qui, originaires du Pont-Euxin, arrivent dans les eaux de la mer Caspienne par des canaux mystérieux, phénomène qui a consterné les botanistes de la flore d'Asie. La nature a des bureaux de poste partout. Les mers correspondent avec les lacs, les continents et les archipels, les montagnes avec les plaines : le vent est un facteur; la mer est une libre-échangiste; le mois de mars est un courtier en graines; un fleuve est un commis voyageur. Quand un rocher nu des îles Maldives a besoin d'une plantation de palmiers, il écrit au golfe Arabique, qui lui expédie un chargement de noix de cocos par la première mousson. Les journaux sont destinés à rendre le même service dans l'ordre moral. A la longue, ils s'infiltrent partout, ils arrivent partout. Avisez-vous d'insulter le plus obscur saïb des montagnes du Népaul ou du Caboul dans une feuille de Paris, et, au bout d'un an, vous recevrez une réclamation, traduite du sanscrit, par voie d'huissier dûment assermenté. Aujourd'hui, si Prométhée était enchaîné par Cratos à Bakou, là même où vous visitez la tombe caucasienne de votre illustre aïeul, un journal dénoncerait au monde le vautour rongeur; aussitôt l'artiste géant, au lieu de recevoir les complaintes inutiles des Océanides de la mer Caspienne, verrait arriver un article de la Conférence de Paris qui le délivrerait du vautour. Ainsi ma lettre vous parviendra; cette question d'Orient n'en est pas une pour moi. Vous rencontrerez *la Presse* sur le chemin du détroit d'Ormus, entre deux feuilles de palmier, dans un cabinet de lecture fondé par Alexandre-le-Grand, le père des romanciers.

Oui, mon cher ami, vous avez raison, lorsque vous

parlez des voyages avec tant d'enthousiasme. Voyager, c'est vivre. Après les récentes découvertes de l'astronomie, on est honteux d'habiter une planète si petite, et de regarder tous les matins la façade pulmonaire de Notre-Dame-de-Lorette, surtout après l'été de 1858, qui nous a montré la comète de Donati avec son aigrette de flamme, voyageant, comme la sultane de Dieu, pour visiter le domaine de l'infini. Mais que voulez-vous, mon cher Dumas! Un long voyage est le plus coûteux des caprices, et la parcelle d'air que nous habitons est déjà si chère de loyer, qu'il est difficile de payer le terme de toutes les autres parcelles, à chaque station, si nous n'avons pas la fortune de Lucullus : noble Lucullus qui conduisit la guerre au pays où vous êtes, non pour tuer des hommes, mais pour conquérir les cerises et les abricots! Vous me faites rentrer, mon vieil ami si jeune, dans les plus anciens souvenirs de notre vie; eh bien, vous avez oublié celui-ci, peut-être. En 1833, nous fîmes le projet d'aller à Jérusalem et de rebondir dans l'Inde. Nous avons, depuis cette date, renouvelé ce projet vingt fois, et vous savez trop ce qui nous a manqué pour réaliser notre rêve. Moi, je me suis consolé en écrivant, dans *la Presse*, des livres sur l'Inde, l'Afrique, la Chine, Madagascar, en un temps où les ministres ne s'occupaient que d'éloigner de la Chambre les candidats de l'opposition. Mes livres étaient des paradoxes; mon insurrection de l'Inde et de la Chine, paradoxes, en 1845. Enfin, mes paradoxes, publiés dans *la Presse*, donnaient une sorte de satisfaction à ma soif de voyages. Miss Julia Pardoe, en les traduisant en anglais, me prouvait, dans sa préface, que j'avais voyagé dans l'Inde et en Chine, et cela me suffisait. Je croyais miss Julia et son journal *the Critic*. Aujourd'hui, votre lettre me démontre que je n'ai rien vu du tout, et la passion de l'inconnu me remonte au cerveau.

On m'a dit souvent, en parlant de vous : « Ah! s'il eût été économe! » et je répondais : « Il eût été vous, et non pas lui. » Ce qui vous a manqué, cher ami, c'est une bonne spéculation, dans ce siècle industriel. La littérature dévore le littérateur. Vous avez dépensé, dans soixante drames et mille volumes, plus de génie et d'invention qu'il n'en faut pour découvrir San-Francisco, Melbourne, l'isthme de Suez et le chemin de fer d'Orléans, et vous n'avez jamais inventé une prime ou une obligation payable au porteur! Eh bien, je profite de votre séjour en Asie pour vous proposer une affaire industrielle qui vous permettra de faire trois fois le tour du monde, comme Cook, et de devenir le chrétien errant de notre siècle, avec un inépuisable billet de *five-powns* dans votre bourse. Cinq livres représentent aujourd'hui les cinq sous de la monnaie de Jérusalem. Il y a un mois, je proposais cette découverte asiatique à un riche et charmant financier de nos amis, — qui, par parenthèse, vous envoie ses amitiés et toutes les tendresses de votre fils. — Mon projet parut lui sourire, mais il a mis en doute mes connaissances géographiques, qui, en effet, ont un horizon très-étroit, et l'affaire est tombée dans l'eau de la mer Caspienne. Vous êtes sur les bords de ce lac merveilleux, et vous apprécierez mon projet.

Il s'agit encore d'aller dans l'Inde sans doubler le cap de Bonne-Espérance ou sans traverser des régions inhospitalières, des déserts affreux, des montagnes hyperboréennes et la chaîne de l'Himalaya. A Pétersbourg, on accueillerait ce projet, si vous le jugez praticable après examen.

Un paquebot à vapeur, parti de Constantinople, traverse la mer Noire dans toute sa longueur et le détroit d'Yénikalé; il traverse la mer d'Azof et arrive à l'embouchure du Don. Là, il s'arrête; c'est la frontière d'un désert.

Vers le 47ᵉ degré de latitude, le Don a la bonté de faire un coude et de se rapprocher du Volga, si près qu'il a failli être avalé par lui comme un verre d'eau et se voir entraîner vers la mer Caspienne. En creusant un canal très-court, travail de six mois, le Don se réunit au Volga.

Alors le paquebot ne s'arrête plus aux limites des Palus-Méotides : il remonte le Don, traverse le canal, et, descendant le Volga, il choisit l'embouchure la plus navigable, et arrive à la mer Caspienne, dans le golfe de Mertvoy. Continuant sa course à la vapeur, il atteint, sur l'autre rive, les terres si voisines de Téhéran. Un court chemin de fer de Téhéran à Ispahan et d'Ispahan à Shouster peut conduire, en peu d'heures, au golfe Persique, dans l'Inde. Vous le voyez, il ne s'agit que de creuser le plus court et le plus facile des canaux entre le Don et le Volga. Maintenant, si on ouvrait un autre canal entre Téhéran et Shouster, chose très-facile, ce paquebot irait de la mer d'Azof dans l'Inde sans être arrêté.

Hier, je rencontrai dans le monde un voyageur allemand qui me parla de la lettre que vous avez eu la bonté de m'écrire, et, de phrases en phrases, je lui parlai de ce projet de canal entre le Don et le Volga.

Le voyageur sourit, et me dit :

— Vous croyez donc avoir inventé ce projet?

Je lui répondis par une de ces pantomimes qui ne compromettent jamais, un milieu entre oui et non. Les voyageurs allemands me font peur.

— Savez-vous, ajouta-t-il, que ce projet est vieux de deux siècles?

Je recommençai ma pantomime avec une légère variation.

Le voyageur continua ainsi :

— C'est le plus grand des ministres de l'empire ottoman; c'est le Colbert de Stamboul, c'est l'illustre Mohammed-Sokoli qui a inventé votre canal. Ce grand homme florissait sous le règne d'Achmet III, le sultan qui a bâti le palais des Eaux-Douces, au fond de la Corne-d'Or. Il y eut même un commencement d'exécution dans les travaux du canal; mais vous savez que tous les sultans avaient alors contracté l'habitude de planter une tente à Scutari et de déclarer ainsi la guerre à la Perse, usage qui remontait à la bataille de Tchaldiram, et les travaux du canal furent abandonnés!...

Il est cruel de croire avoir inventé quelque chose une fois dans sa vie, et de rencontrer un invincible contradicteur. Je fis alors la citation de ce savant qui, ayant découvert la *queue-d'aronde*, à Paris, retrouva sa découverte en Égypte, sous un obélisque de Sésostris. L'Égypte est venue avant vous, lui avait-on dit :

> Que ne venait-elle après moi,
> J'aurais fait la chose avant elle.

Les Allemands sont sérieux ; le mien s'imagina que je doutais, et il me renvoya au grand ouvrage de Hammer. Je courus à la Bibliothèque, je fis une fouille dans le monument, et je découvris ma découverte! La première douleur passée, j'arrivai à l'étonnement, et je m'adressai ces questions : Comment se fait-il que les czars, qui ont si souvent convoité Constantinople, n'aient jamais songé à faire une alliance avec la Perse, et à s'ouvrir vers l'Inde un chemin si facile, avec le projet de Mohammed-Sokoli? Comment se fait-il que l'ouvrage de Hammer, traduit en toutes les langues, n'ait jamais été traduit en russe? Comment se fait-il qu'un projet qui, sous le règne d'Achmet III, fut trouvé si beau et si praticable, se soit enseveli dans un oubli profond pendant près de deux siècles? Vous, mon cher Dumas, qui m'écrivez de la mer Caspienne et qui correspondez avec Pétersbourg, vous pourrez donner ou faire donner un rayon à ces obscurités.

Nous sommes dans le siècle qui corrige les fautes de la planète et met son *deleatur* sur les écluses de Suez et de Panama. Auprès de ces gigantesques travaux, le canal du Volga est un jeu. Il y a deux siècles, la Russie ou la Porte Ottomane n'avaient pas les puissantes ressources du génie moderne et du crédit universel pour mener à bien cette opération, et un ministre n'a pas hésité à expédier des travailleurs sur le coude du Don. Aujourd'hui, un ingénieur enlèverait l'obstacle avec l'ongle de son petit doigt. Si cela ne se fait pas, c'est qu'on ignore que cela est à faire. L'isthme de Suez de la Russie est, entre le Don et le Volga, la mince colline qui séparait autrefois la porte Saint-Denis et la porte Saint-Martin. Quand vous rentrerez dans la Russie russe, mettez cette question sur le tapis, ou, ce qui vaut mieux, sur la nappe, au dessert, quand votre esprit sans égal étonne, ravit et entraîne les jeunes gens et les jeunes femmes, et, je le jure par le cœur de Prométhée, le patron des artistes martyrs, vous emporterez le projet d'assaut; vous continuerez l'œuvre de Mohammed-Sokoli, et vous vous ouvrirez, comme Alexandre, la route de l'Inde.

Les Océanides de la mer Caspienne ne pleureront plus sur les souffrances du Titan ravisseur ; elles savent votre nom ; elles vont sourire au réveil de la Perse, ce jardin du monde, et, pour vous récompenser de vos beaux vers du Caucase, elles oublieront l'élégie du poëte grec et vous chanteront les strophes d'Azz-Eddin, le poëte des oiseaux et des fleurs.

Je ne vous enverrai qu'une nouvelle de Paris ; mais elle est assez curieuse : pendant que vous tuez des vautours sur le Caucase, mon cher titan, on ressuscite votre admirable *Richard d'Arlington* à la Porte-Saint-Martin. Hier, nous dînions en bonne compagnie chez Marc Fournier ; il y avait plusieurs de vos amis, entre autres Edmond About, Gozlan, Théodore Barrière, Villemot, Charles Edmond, Crémieux, Albéric Second, et on a beaucoup parlé de *Richard d'Arlington*. Marc Fournier croit pouvoir annoncer une reprise aussi brillante que la naissance. Nous étions tous convertis à cette bonne partie avant de l'entendre. Nous y serions tous, glorieux absent, pour vous remplacer, en faisant la monnaie d'Alexandre. Nos cœurs sont prêts, et nous préparerons nos mains en ôtant nos gants.

Votre ami de 1827,

MÉRY.

# A MES CONVIVES

Au retour de son beau voyage au Caucase, les intimes d'Alexandre Dumas lui offrirent un banquet, et, au dessert, j'eus l'honneur d'adresser au voyageur illustre ce salut de bonne réception, en m'adressant à mes convives :

Je veux vous raconter ce que peut faire un homme,
Mais je n'ose, messieurs, vous dire qu'il se nomme
Alexandre ou César; entre amis, on se sert
De ces ménagements à la fin du dessert.
Je ne le nomme pas : si quelqu'un veut connaître
Son nom, il peut venir, là, près d'une fenêtre,
Et je vais le lui dire, à l'oreille, en sortant,
Comme un secret d'État, le secret d'un instant.

Il pouvait bien aussi chanter, après Horace:
« Mon travail est complet, mon pied a fait sa trace;

Voilà mon monument; le repos m'est bien dû :
Dans un monde d'oisifs, je n'ai jamais perdu
Un seul jour; j'ai conduit une plume acharnée,
Dans toutes les saisons qui forment une année,
Depuis l'heure où ma main hésitait, en traçant
Sur une tombe illustre, un vers adolescent. »

Et nous ajoutons, nous: « De sa plume féconde,
Il avait fait la joie et l'entretien du monde ;
Au théâtre, il avait suivi tous les chemins,
Rajeuni les vieux Grecs, restauré les Romains,
Animé de sa verve et de sa poésie
Les héros de la fable et de la fantaisie,
Emprunté, dans l'histoire aux mobiles couleurs,
Ou le succès du rire, ou le succès des pleurs ;
Homme de tous les temps et de tous les usages,
Peint le monde moderne après les anciens âges,
Et créé de sa main, pour nos amusements,
Un peuple de théâtre, un peuple de romans.
Quand nous le contemplons, penché sur sa fournaise,
L'Alcide du travail, le poëte Farnèse,
Le conteur sans égal, le puissant romancier,
Labourant le vélin sous sa plume d'acier,
Nous disons : « Le repos n'est pas loin; notre athlète
Va connaître un loisir, car son œuvre est complète.
Il est temps ! ses amis, autour de lui groupés,
Préparent l'édredon; les lauriers sont coupés. »

Comme on parlait ainsi tout bas devant la porte,
En craignant de troubler son sommeil, on apporte

Un message daté de.... je ne sais plus d'où,
D'un pays inconnu, voisin d'un fleuve indou.
Le Titan du travail, dans sa marche hâtée,
Escaladait le roc où mourut Prométhée,
Et tuait des vautours, comme à nos jeux de tir,
Pour venger son aïeul, le poëte martyr.
Il était au Caucase! et quand la nuit venue
Lui donnait un loisir, de quelque pierre nue
Il faisait un pupitre, et, la plume à la main,
Sans trop se soucier d'un douteux lendemain,
Il écrivait des vers, traduisait un poëme,
Semait d'esprit joyeux ces beaux vers que l'on aime,
Créait tous les héros de deux romans promis,
Et, pour se reposer, écrivait aux amis.
Puis il a reconnu la zone fortunée
Où Caspis mit en lac sa Méditerranée;
La Perse, qui nous montre encor dans son jardin
Les oiseaux et les fleurs du poëte Azz-Eddin;
Le rivage où le flot du Pont-Euxin se brise,
Où Lucullus conquit la pêche et la cerise;
Où le grand Mithridate enseignait le chemin
Qui guidait les vengeurs chez le peuple romain.
Et toujours en courant, sans jamais perdre haleine,
De la ville au désert, du vallon à la plaine,
De la tente nomade au caravansérail,
L'illustre romancier, l'inventeur du travail,
Brûlé par le soleil ou rafraîchi par l'ombre,
Ajoutait un volume à des aînés sans nombre,
Et redevenait jeune en voyant l'horizon
Du magique pays qui rajeunit Éson.

Ainsi ne croyons plus que ce labeur immense
Ait entrevu sa fin! Henri Trois recommence;
Ce n'était qu'un prologue! À Paris arrivant,
Il va bientôt encore rendre sa voile au vent;
Il avait vu Sigée et son haut promontoire,
Son rivage, où la fable est mêlée à l'histoire;
Mais la vapeur despote, en son vol si léger,
Trop vite, sur la mer, emporte un passager;
Il veut revoir Sigée, où le flot d'Ionie
Chante encore Ilium dans sa douce harmonie,
Où la vague d'azur, comme un sillon, guida
Les Grecs d'Agamemnon au pied du mont Ida;
Il veut revoir aussi la Grèce, notre mère,
Ce domaine divin de Virgile et d'Homère,
Ce pays du soleil et des arts, qui nous rend
Le pieux souvenir de tout ce qui fut grand;
Comme un digne filleul, il veut aussi descendre
Sur le môle africain que bâtit Alexandre,
Sur l'Égypte, qui garde encor dans l'oasis,
Les doctrines du mage et les secrets d'Isis;
Où la sagesse dort dans le puits des momies,
Gardant pour l'avenir des paroles amies;
Où les sphinx prodigués donnent à chaque pas
Des leçons à Cousin, car ils ne parlent pas.

Qu'il parte ou qu'il arrive, envoyons au poëte
Ou nos adieux d'amis, ou nos hymnes de fête!
S'il arrive, il apporte à nous qui l'écoutons,
D'harmonieux récits, notés sur tous les tons,
Au monde qui le lit, des histoires sans nombre,

A l'acteur qui le joue, une œuvre gaie ou sombre,
Trois assises de plus que l'architecte met
A cette pyramide, où manque le sommet.
S'il part nous graverons sur sa corvette agile
Les vers que chante Horace au vaisseau de Virgile,
Nous le suivrons de loin, sur la mer, en priant
Le Dieu du bon retour, le soleil d'Orient,
Ce soleil qui toujours fut propice aux poëtes,
Et, quand il reviendra, nos coupes seront prêtes,
Et nous l'honorerons, parmi nous arrivant,
Quoiqu'il soit notre maître et quoiqu'il soit vivant.


Paris, 2 avril 1859

# POMPONIANA

Si un voyageur visitait les quatre-vingt-neuf départements de l'Empire, il entendrait quatre-vingt-neuf fois cette phrase : — *Il n'y a rien en France de plus beau et de plus curieux que le département de....* Mettez le nom à votre choix.

Ce patriotisme local est non-seulement honorable, mais il peut toujours être justifié par des preuves satisfaisantes, qu'un savant indigène a recueillies dans un livre départemental, inconnu des quatre-vingt-huit autres départements.

Toutefois, si cette question était un jour soumise à un concours, avec un prix d'honneur de vingt mille francs, un jury impartial couronnerait le département du Var. Ce candidat se présente avec des titres qui suppriment toute rivalité voisine ou lointaine; c'est la zone du soleil, de la mer, des fleurs et des parfums; elle a les jardins embaumés de Grasse; les forêts vierges des tropiques; les collines semées d'aromates; les oasis du Nil et des Hespérides; les généreux vignobles de Lamalgue; les arsenaux de Lemnos au môle de Toulon; les Édens de Cannes et d'Hyères; les villes suspendues sur la mer orientale où passent les vaisseaux de la France; elle a tout ce que l'homme peut envier sur cette terre aux trois quarts oubliée par son avare soleil. Eh bien! cet admirable Var, coupable d'être notre proche voisin, attend encore le peintre anglais de Raffles qui doit le découvrir et l'illustrer de gravures, comme il a fait pour les lointaines solitudes de Java.

Au moment où le Vésuve se réveille, pour punir Résina d'avoir oublié Herculanum, en se greffant sur lui, il est peut-être à propos d'exhumer, dans le Var, son Herculanum, oublié, comme tout le reste. Il ne manquait à ce beau pays que des ruines; le voilà complet: il possède Pomponiana, engloutie par le volcan sarrasin.

Des hauteurs de la ville d'Hyères, ce paradis terrestre qui n'a pas de serpents et de pommiers, on aperçoit au bas d'une immense cataracte de fleurs d'orangers un promontoire effilé comme une aiguille de Cléopâtre, une grève déserte, et un tumulus surmonté d'un bouquet de lentisques, de genêts et de pins. C'est là que l'Herculanum provençal attend son exhumateur.

Si j'avais l'honneur d'être savant, je me mettrais en contradiction avec mes confrères, au sujet de l'étymologie de *Pomponiana*. N'ayant aucun titre pour discuter, je me borne à émettre une opinion d'ignorant avec une humilité qui fera excuser ma hardiesse. Pline, amiral romain, se trouvant en station au cap Misène, vers l'an 79, descendit de sa trirème dans une embarcation pour voir de plus près l'éruption du Vésuve, et s'adressant à son pilote, il lui dit : *Verte ad Pomponianum. Tourne la proue vers Pomponianus.* Tout le monde connaît l'admirable récit du jeune Pline, ainsi je me borne à cette seule citation, dans l'intérêt égoïste de mon étymologie.

Ce Pomponianus était un ami de l'amiral romain, et il possédait sans doute une de ces délicieuses villas qui se pavanaient étourdiment sur un orteil du Vésuve. Quand le formidable parasol de fumée se déploya sur la cime du volcan, Pomponianus, qui n'était pas naturaliste comme Pline, fut saisi d'une soudaine terreur, en sa qualité d'ignorant et de millionnaire, et muni de sa cassette, il suivit la foule des poltrons sur le chemin ténébreux de Parthénope. Le volcan fit son œuvre; il engloutit trois villes et les scella sous une couche de lave, dure comme l'airain.

Le rivage de Baïa reprit ensuite sa sérénité d'âge d'or; la terre se fit muette et ne trembla plus; le Vésuve se donna cet air d'innocence qui semble demander pardon pour une équipée de jeunesse, et l'homme, cet enfant éternel, rentra sur le domaine des solfatares, rebâtit les maisons avec les ruines, pava les rues avec la lave économique, et dansa la tarentelle sur un volcan, dix-huit siècles avant M. de Salvandy.

Dans toutes les grandes catastrophes, il y a toujours un sage, un seul, pas un de plus! on le nomme Hénoch aux âges primitifs; Loth à l'incendie de la Pentapole; Jésu à la prise de Jérusalem par Titus; Cassandre à Ilium; Jonas à Ninive; et, en 79, Pomponianus.

Ce sage nolisa un de ces navires fromentaires qui apportaient le blé d'Égypte, et tourna sa proue vers la haute mer. Se souvenant qu'il était fils de la Grande-Grèce, il aurait bien voulu aborder en Sicile ou passer le détroit de Messine et gagner Sybaris et le golfe de Tarente, mais il avait des raisons pour redouter le voisinage de l'Etna, et il n'était pas assez hardi pour braver la meute enragée de Scylla et Charybde; il fallait donc trouver un atterrage ami, et surtout éviter les *sinus* latins, toujours brouillés avec le golfe de Pæstum, comme aux jours anciens où Diomède habitait Parthénope et le pieux Énée la masure du roi Évandre. Pomponianus côtoya les bords inhospitaliers de Liternum, où Scipion a son sépulcre, d'Anxur aux roches blanches, de Laurentum, illustré par Virgile, du port d'Auguste et du *Castrum novum*; il entra dans la mer Ligurienne, et un vent favorable le poussa dans une petite caranque d'azur, devant les ruines d'une petite ville d'origine grecque nommée *Olbia*. Le grand paysage qui se déroulait aux regards du proscrit du Vésuve était rempli de séductions, car il lui rappelait la rive natale, moins le volcan. Il y avait un archipel d'îles vertes, comme à Baïa; des bois de pins, comme aux flancs d'Ottajano; des treilles de vigne, comme à Herculanum; des forêts d'orangers, comme au Pausilippe. Le voyageur trouva que le lieu était bon ; il y planta ses tentes, et bientôt la villa Pomponiana donna son nom à une jeune cité.

Le jeu des étymologies est amusant, comme tous les jeux renouvelés des Grecs, mais il ne prouve rien. Toutefois il est plus aisé d'admettre que Pomponiana dérive de Pomponianus, plus naturellement que d'Olbia ; il aurait trop changé sur la route, comme *Equus* et *Alphana*. Ce doute puéril ne devrait pas cependant justifier l'éternel ensevelissement de cette grande et précieuse relique. Il est temps de restituer au soleil ce cadavre antique, dont la tête perce la surface du sol et sollicite en vain les bras de l'exhumateur. Un homme de beaucoup d'esprit et de savoir, M. Denis, maire d'Hyères, a fait, il y a vingt ans, de généreux efforts pour dépouiller la momie de ses langes ; hélas ! les petites municipalités de province sont répulsives aux fouilles, et elles ont raison : on doit faire vivre les pauvres avant d'amuser les riches. Mais le gouvernement est l'exhumateur naturel des reliques enfouies, et puisqu'il est si noblement généreux pour l'*Alesia* de Jules César, il devrait bien donner une part de ses largesses à l'Herculanum de Pomponianus. Au reste, la chose ne serait pas onéreuse à notre budget scientifique; M. Denis m'a dit un jour, en me montrant les *balnea* et la petite coupole de Pomponiana : « Avec bien peu j'ai déjà fait tout cela; on pourrait achever l'œuvre avec dix mille francs. »

Et avec ce denier, on ferait la fortune de ce pays, au moment où le chemin de fer va conduire en deux heures les touristes de Marseille à Hyères. L'Opéra devrait donner la soixante-deuxième représentation d'*Herculanum* au bénéfice de Pomponiana, et j'ajouterai à mon *libretto* un hymne en l'honneur de Pline l'Ancien.

# DE L'ANTIQUITÉ DES PATOIS

## ANTÉRIORITÉ DE LA LANGUE FRANÇAISE
### SUR LE LATIN

Une erreur séculaire a peu de chances de guérison : il faut tant d'efforts et de temps pour la retirer de l'hospice des incurables, que le médecin n'a pas le courage d'appliquer le premier appareil. Il aura contre lui tous les hommes d'âge mûr, qui, ayant passé leur vie en répétant cette erreur à droite et à gauche, ne se décideront jamais à refaire le même chemin pour distribuer un *erratum* en guise de circulaire à tous leurs amis. Un jour même, un homme de bonne foi s'est rencontré qui, après avoir soutenu trente ans que Charles IX fusillait les huguenots du *haut de son balcon*, comme dit l'opéra, et après avoir montré cent fois ce balcon à des provinciaux indignés, se laissa persuader enfin par des raisons invincibles, entre autres celle que le balcon n'existait pas sous Charles IX, et fit humblement l'aveu de son erreur.

Mais, ajouta-t-il, je suis obligé de continuer à montrer le balcon et à soutenir devant les provinciaux la même chose, par respect pour la mémoire de mon pauvre père, qui, pendant toute sa vie, n'a jamais traversé une fois le pont des Arts sans maudire ce balcon en le montrant du poing.

Ainsi, avec d'excellentes raisons et des arguments matériels, on peut convaincre les vivants de bonne foi ; mais, si ces vivants refusent de se convertir en public, par respect pour les morts, les erreurs peuvent s'éterniser, et nous croyons qu'elles s'éternisent par cette transmission héréditaire et honorable.

Plus vous trouverez de la bonne foi chez un converti, plus vous trouverez d'autres vertus, et toujours dans le nombre la piété filiale et le saint respect des erreurs paternelles enfouies dans un tombeau. Ainsi, prenons pour exemple une erreur qui se rattache à notre sujet. Les savants linguistes de l'Allemagne prouvent, depuis un siècle, que le grec, le latin, le français, le saxon, toutes les langues enfin, y compris le provençal de Bénédict, descendent du sanscrit en ligne directe et que toutes les grammaires prennent leurs sources dans le *Ramaïana*, l'*Iliade* de Ceylan.

En ce bon pays d'Allemagne, où la candeur primitive réside encore, vous aurez la chance de rencontrer un savant loyal comme un héros blond d'Auguste Lafontaine, un homme juste qui, vaincu par une démonstration logique, voudra bien admettre que le poëme de Jasmin, le *Mireïo* de Mistral, le *Chichois* de Bénédict, trois chefs-d'œuvre, appartenant aux trois grandes divisions de la langue celtique, ne descendent point des sommets de l'Himalaya, et que les bonzes de la pagode de Jagrenat n'en comprendraient pas un seul mot ; mais ce loyal adversaire d'outre-Rhin se souviendra de son père, le plus ardent des défenseurs du sanscrit universel, et son silence neutre sera la seule concession qu'il pourra faire à la vérité. Joignez à cela l'honorable obstination qu'on appelle entêtement chez nous, et, jusqu'à la fin de l'Allemagne, les savants germains soutiendront que Jasmin parle et écrit la langue du roi Soudraka ; que Mistral a copié le dictionnaire du poëte Calidasa, et que Bénédict a fréquenté l'académie sanscrite des bonzes d'Oudjayani.

En France, où le sanscrit est de l'hébreu, les systèmes d'école ont démontré depuis Boisrobert que la langue française était fille du latin ; on a même souvent fondé plusieurs prix, à ce sujet, dans notre pays rémunérateur, où l'homme, éternel enfant, est poursuivi par des prix, des médailles, des couronnes, depuis les bancs du collége jusqu'aux bancs du tombeau ; une foule de concurrents sexagénaires ont été couronnés pour des mémoires relatifs à cette filiation, et portant cette épigraphe :

*Albanique patres atque altæ mœnia Romæ*

Il a donc été admis, comme fait incontestable, que le gaulois Brennus ne parlait aucune langue et qu'il est allé prendre à Rome des leçons de latin, Camille étant consul, en 390 ; et que, deux siècles avant Brennus, sous un Tarquin, le gaulois Bellovèse, qui ne parlait qu'en pantomime, a envahi l'Italie et fondé la Gaule cisalpine et transpadane, pour étudier la grammaire de Lhomond aux colléges royaux de Servius Tullius, le sixième roi romain.

Voici maintenant un terrible joûteur, un Celte érudit, un philologue laborieux, un écrivain hors ligne, un savant d'esprit, qui arrive et bouleverse tous les vieux systèmes des fausses filiations, avec un petit livre gros de preuves, de faits, de dates, de citations, de documents; un petit livre serré en forme de phalange macédonienne, aiguisé par la pointe, carré par la base, et mettant en déroute les bataillons sanscrits de la Confédération germanique et les écoliers vénérables couronnés par l'Institut. M. Granier de Cassagnac a démontré jusqu'à l'évidence l'antériorité de la langue française sur le latin, par ses ingénieuses recherches sur cette langue celtique, dont l'antiquité remonte bien avant la fondation de Rome.

Le célèbre écrivain ne trouvera pas un seul contradicteur chez nos savants du Midi, et dans les académies de Bordeaux, de Toulouse, d'Aix et de Marseille; il y a là des travailleurs modestes, privés de jetons de présence, mais très-instruits sur les langues et les dialectes, cultivant la science du philologue pour leur propre satisfaction, et n'ayant pas besoin de mettre une coupole sur leur tête pour donner à un vieux vocable dont tout le monde se sert la tardive permission de se montrer en public. L'Aquitaine, non pas celle de Bourges et d'Elusa, mais la troisième, celle de Bordeaux ; le Languedoc, le comtat Venaissin et la Provence, sont les seuls pays où la question soulevée par M. Granier de Cassagnac puisse être jugée avec connaissance de cause, et elle sera tout en sa faveur, la décision du grand tribunal celtique. Le doute n'est pas permis.

C'est qu'en pareille matière il faut l'alliance intime de deux choses : une parfaite connaissance du latin, acquise par de longues études, et la possession innée de la langue méridionale et maternelle, la langue du berceau. Or, M. Granier de Cassagnac vient de révéler aux Provençaux une chose ignorée du grand nombre, à savoir que les séries des mots aquitains cités dans son ouvrage appartiennent aussi à la langue provençale. Nous savions déjà que la langue de Jasmin est proche parente de la nôtre, car Jasmin a été compris chez nous comme un compatriote quand il est venu nous réciter ses poëmes. Ainsi, les philologues de notre pays sont dans les meilleures conditions pour apprécier la justesse des preuves émises par M. Granier de Cassagnac à l'appui de son opinion.

Il faut toutefois admettre en principe une chose qui nous paraît incontestable. Les éléments de la langue et de la civilisation celtique ont été déposés en Italie par la triple invasion gauloise. Bellovèse, Brennus et Annibal ont conduit, à leur insu, au delà des monts, la grammaire vocale de Burdigalia, de l'Occitanie et de Segoregium. Les grandes migrations sont des maîtresses de langues. Si, de nos jours, la langue française est si répandue en Allemagne, ce n'est pas, comme le soutiennent deux ou trois savants, que les Allemands se soient épris d'une belle passion pour notre langue : c'est que la révocation de l'édit de Nantes a envoyé au delà du Rhin quinze cent mille professeurs de français. L'homme ne sait jamais ce qu'il fait, cet homme eût-il nom Louis XIV ; on croit tuer des Huguenots, on crée des professeurs.

Brennus, en incendiant le Capitole, brûlait les archives du patois albin et continuait l'éducation celtique commencée par Bellovèse. Annibal, après avoir perdu son dernier éléphant et son dernier Africain de Barca dans les glaces et les neiges des Alpes, recrute tous les Gaulois de l'Insubrie, leur fait franchir les Apennins toscans et leur fait labourer l'Italie pendant vingt ans, de Rome à l'Adriatique, de *Castrum Firmum* à Cannes et à Capoue, de Capoue encore à Rome, du Tibre au golfe de Tarente ; et dans toutes ses stations, y compris la plus blâmée et la plus féconde, celle de la Campanie Heureuse, les Celtes de la Gaule transpadane, les fondateurs de Milan, unis aux Gaulois de l'Aquitaine et de l'Occitanie, qui avaient passé le Rhône devant Ugernum, aujourd'hui Beaucaire, tous ces hommes sortis d'un berceau commun, avec une belle civilisation et une langue toute faite, apprirent tout ce qu'ils savaient à des peuples entretenus dans une sorte de barbarie par une guerre continuelle commencée par des ancêtres bandits ou forbans.

Rome, Capoue et Naples exceptées, l'Italie était à cette époque une jachère en attente de culture, et la civilisation devait y avoir fait bien peu de progrès, puisque longtemps après encore le poëte déplorait l'ignorance honteuse qui régnait dans la grande banlieue romaine. Tout ce qui n'était pas la *ville* semblait vivre dans l'*air épais des Béotiens*, *Beotûm aere crasso*, et le fameux *manent vestigia ruris*, si flatteur pour la capitale, couvrait d'humiliation les départements.

Ainsi, les alluvions de la langue celtique, déposées avec une lenteur séculaire dans le patois volsque, faisaient leur œuvre d'assainissement, et dès que la guerre extérieure et civile cessa, que le temple de Janus toujours ouvert se ferma, que le portique d'Octavie s'ouvrit, qu'il fut enfin permis de vivre et de parler, une admirable éclosion vint enchanter le monde ; l'engrais d'Ennius produisit la moisson de Virgile ; le celte se fit latin, et les hommes parlèrent un instant la langue des dieux.

Hélas ! ces entretiens sublimes de Tibur, ces mélodies du palais de Mécènes, ces timbres d'or qui retentissaient à la ville, sous les colonnades d'Octavie, à la campagne, sur les rives de l'Anio, traversèrent l'azur de Rome, comme le concert d'un jour, et s'éteignirent pour ne plus se faire entendre.

Les monuments sont restés ; Virgile et Tacite sont encore debout, pour l'éternel désespoir des prosateurs et des poëtes, mais leur merveilleuse langue n'est plus en circulation ; les lèvres humaines n'étaient pas dignes de la parler. D'ailleurs, les peuples ne sont point faits pour causer en musique ; il leur faut toujours une certaine banalité de formes et de mots pour échanger leurs idées, dans le prosaïque commerce de la vie. Dès qu'une langue arrive à sa perfection sur les cimes érudites, on s'effraye au bas de la montagne, comme dans le tableau de la Transfiguration de Raphaël. Après l'effroi, la raillerie arrive ; après la raillerie, l'argot. Les Beaux du portique d'Octavie sont les premiers à donner l'exemple de la réaction ;

ils inaugurent les saturnales de la parole ; ils rouvrent les étables d'Augias pour y retrouver le fumier d'Ennius ; ils se complaisent avec les courtisanes de Mytilène, dans les égouts de l'ignoble langage ; ils se font peuple, non pour prendre au peuple ses bons instincts et ses idées généreuses, mais ses facéties incultes et ses chansons suburbaines ; si les Beaux d'Octavie eussent vécu dix-huit siècles plus tard, ils auraient oublié même la langue de Mozart et de Rossini, pour chanter en chœur, avec l'écho des barrières, l'hymne des *Petits agneaux* et des *Bottes de Bastien!*

La connaissance des trois branches de la langue celtique facilite on ne peut mieux l'explication de certains passages de Virgile, passages que les humanistes du Nord, quoique fort instruits, n'ont pu comprendre, et qu'ils ont dénaturés ou détournés de leur sens primitif. L'excellent travail de M. Granier de Cassagnac m'a remis en mémoire un projet d'étude que j'avais commencé à Rome, après l'avoir soumis à l'illustre Mezzofanti, auquel j'étais présenté par le cardinal Fesch. Ce projet restera peut-être encore à l'état de projet comme tant d'autres, car les travailleurs littéraires ne savent jamais aujourd'hui ce qu'ils feront demain. Chaque matin la locomotive chauffe dans l'encrier et vous emporte vers un point cardinal quelconque, celui que vous n'avez pas choisi : en attendant, l'occasion étant favorable, je veux donner une idée de cette étude nouvelle sur Virgile, quoiqu'elle ne puisse avoir aucune influence sur les corrections apportées aux éditions nouvelles, attendu mon titre profane. Les spécialités officielles ont seules crédit. M. Tissot était académicien et professeur de l'Université ; je l'ai beaucoup connu ; il a fait une *Étude sur Virgile*, mais, par malheur, à l'âge où il avait oublié le latin. Son titre officiel lui suffisait, il professait le latin en Sorbonne, par ordre du gouvernement.

M. Sainte-Beuve est au contraire un humaniste hors ligne ; il sait admirablement le latin, chose rare, et il a fait une excellente étude sur Virgile ; c'est un chef-d'œuvre d'analyse et d'appréciation. Si M. Sainte-Beuve connaissait les langues populaires de notre Midi, il aurait sans doute ajouté un chapitre fort curieux à son travail, le chapitre que je veux faire et que je ne ferai pas. En voici un *specimen*, il suffira pour mettre sur la voie un commentateur plus hardi ou officiel ; le texte de toutes les éditions dit dans la deuxième églogue.

*Thestilis et rapido fessis messoribus æstu*

Les traducteurs, depuis Desfontaines jusqu'à M. Pessonneaux, ont sans doute été mis en considération par ce terrible *rapido*. Les uns ont passé outre, comme si *rapido* n'existait pas ; les autres, plus respectueux, ont traduit par *rapide*. *Les moissonneurs fatigués par une chaleur rapide.* Cela leur paraissait un peu étrange, mais il fallait avant tout être un traducteur consciencieux. Un commentateur est venu et a prouvé que Virgile, très-savant, quoique poëte, savait avant nous que la lumière et la chaleur arrivent du soleil en quelques minutes. Quelle rapidité ! *rapido*. Eh bien, le stylet de Virgile n'a jamais écrit cet absurde *rapido*; il a écrit *rabido*, *Enrabia*, en provençal. *Rabidus* est un de ces adjectifs que Virgile affectionne ; il s'en sert souvent pour des qualifications analogues, témoin ce vers :

*Dictus ob hoc lenire tigres, rabidosque leones.*

Tous nos paysans disent : *la ragi d'aou souleou* (la rage du soleil). *Souleou enrabia* (*soleil enragé*), et ils se servent de ce terme tout juste au moment où leur Thestilis *tourne lou treissoun su l'aïoli, allia contundit,* car on prépare ce ragoût pour les moissonneurs vers le solstice de juin, quand le soleil est enragé, *æstu ra-*

*bido*, et on le sert sur une table *courouso, courouscá* (la vraie prononciation), et avec un *api, apium*; *apium* est un grand *épinard*, disent les traducteurs; c'est l'*ache*, disent les autres. C'est tout simplement le *céleri*, disons-nous ; c'est l'*api*.

Nous suivrions ainsi tout Virgile et relèverions bien des erreurs, à jamais, hélas ! consacrées par l'infaillible typographie des Elzévirs et des Didot. On voit quelle valeur nouvelle un pareil travail donnerait à la question celtique ; il me suffit de l'indiquer en passant, en souhaitant qu'un écrivain spécial et officiel se charge d'une révision qui serait le complément de l'excellente thèse soutenue avec tant d'érudition et de bonheur par M. Granier de Cassagnac.

# LES PÉRIPATÉTICIENS

## DE MARSEILLE

De toutes les sectes philosophiques produites par l'antiquité, la secte des péripatéticiens est la seule qui soit parvenue jusqu'à nous.

Elle fut fondée l'an 3330 avant Jésus-Christ, par des philosophes macédoniens qui suivirent Alexandre-le-Grand au temple de Jupiter Ammon.

Ces philosophes remontèrent ensuite le Nil jusqu'à la presqu'île de Méroé et se rallièrent à la secte des gymnosophistes, dont parle Hérodote. Le *Péripatétique* devint le code de ces sages; et le bon sens d'Aristote qui circule dans cette œuvre ne contribua pas peu à donner à la secte des promeneurs nocturnes une grande popularité en Orient.

Les péripatéticiens fleurirent surtout dans le littoral du Péloponèse et jusqu'aux deux mers qui baignent Corinthe. Toutes les nuits les philosophes du Péripatétique s'acheminaient vers les hauts promontoires, où ils devisaient entre eux et à voix basse de la nature des choses. Dans les villes ils passaient silencieusement et respectaient le calme des gynécées et le sommeil des enfants, des malades et des vieillards; mais, quand ils avaient atteint les bords de la mer, les entretiens commençaient, et on les alternait avec des hymnes adressés à Diane et accompagnés par la lyre tétracorde. Au lever de l'aurore le chœur devenait général, et les péripatéticiens, brouillés éternellement avec Apollon, le dieu du jour, rentraient chez eux pour goûter les douceurs de Morphée jusqu'à la première heure de la nuit.

Aristote parle avec une sorte d'enthousiasme de la secte des péripatéticiens, qui florissait de son temps à Phocée en Thessalie: *Ces sages Phocéens, dit-il, ont donné à une coutume le caractère d'une religion. Ils s'occupent à rechercher les causes des effets et ils ont fait d'assez bonnes découvertes dans les sciences astronomiques. On les cite comme des modèles de vertu civique, et cela ne nous étonne point, car la fréquentation des grands mys-*

tères de la nature élève l'âme et en exclut les mauvais instincts et les fatales passions. La mélopée de leurs hymnes a quelque chose de calme qui s'harmonise très-bien avec le silence de la nuit. Souvent les nautoniers accourent de la haute mer pour entendre cette belle prière à Diane que chante le rivage encore couvert par la robe étoilée de la nuit,

Après 2200 ans, nous trouvons à Marseille, en 1861, les mêmes habitudes péripatéticiennes, mais un peu corrompues par la moderne civilisation.

Après minuit, les péripatéticiens sortent du théâtre, des cafés et des casinos, mais ils ne se dirigent pas vers les hauts promontoires pour s'entretenir de la nature des choses, ils restent au centre de la ville et se promènent jusqu'au jour. Deux péripatéticiens marseillais éprouvent le besoin de chanter le duo du pauvre homme de *Robert-le-Diable*. Il est une heure du matin. Le vieillard et l'agonisant viennent enfin de s'endormir; l'enfant bercé par sa mère a fermé les yeux et donné quelque repos à une pauvre mère souffrante. Aussitôt les deux péripatéticiens entonnent, avec des voix de *tenori sfogati*, le duo de Robert: *Ah! l'honnête homme, ah! le pauvre homme, le galant homme, mais voyez comme*, retentissent dans toute la longueur de la rue, font trembler toutes les vitres, occupent tous les échos, et tous les dormeurs du voisinage se réveillent en sursaut et maudissent les deux péripatéticiens.

Enfin le duo est terminé et le sommeil retombe sur toute la ligne.

Alors un Péripatéticien isolé, jaloux du succès des deux *tenori sfogati*, et possédant une basse profonde, entonne : *Nonnes, qui reposez sous cette froide pierre*, et crie le *Réveillez-vous*, le *Relevez-vous* avec une poitrine de bourdon et de tam-tam, et tous les voisins, qui ne sont pas nonnes, se réveillent et se relèvent en maudissant la musique, les musiciens, les chanteurs et toutes les notes criardes échappées de la ménagerie de Verdi.

Quand la nuit est fort belle, ce qui arrive souvent, un bataillon de cinquante péripatéticiens débouche tout à coup sur la Cannebière et hurle : *Qu'il reste seul avec son déshonneur*, en ayant soin d'y introduire le fameux *un, deux, trois*, qui, répété par un formidable unisson, chasse pour toute la nuit le sommeil d'un millier d'alcôves inventées pour dormir.

Les péripatéticiens qui ne sont pas mélomanes exécutent des sifflements aigus qui feraient honneur à une collection de serpents à sonnettes. L'air est déchiré par ces notes stridentes qui grincent comme l'acier sur le verre et donnent des attaques de nerfs aux auditeurs les plus sanguins. Les dormeurs sont encore obligés de se réveiller pour écouter ce concert de boas comme s'il s'agissait d'un opéra quelconque. Ce concert est ordinairement terminé par des cris sauvages comme les poussent les Mohicans et les Mingons lorsqu'ils vont couper les chevelures de la tribu du Grand Serpent.

Tout péripatéticien marseillais agit avec cette inébranlable conviction qu'il a le droit incontestable, après minuit, de chanter, crier, hurler, siffler, et de réveiller l'immense majorité qui dort. Il lui faut un auditoire. S'il était seul sur les rochers de Pomègue, sur la plage de Montredon, ou sur l'écueil de Planier, il ne chanterait pas ; il se coucherait à la belle étoile, et s'endormirait. Mais, se trouvant au centre d'une ville tout endormie, il a le droit de la réveiller pour lui faire entendre son répertoire. Tant pis pour la ville ! Pourquoi dort-elle après minuit lorsque les péripatéticiens travaillent sur le pavé. Le devoir de tout citoyen est de quitter l'alcôve, d'ouvrir la fenêtre et d'écouter les concerts nocturnes des péripatéticiens.

La majorité doit se soumettre. Le droit est acquis. Le sommeil est une faveur qu'on veut bien accorder à une ville lorsqu'il pleut. Quand la nuit est sereine le monde appartient à un péripatéticien ténor ou baryton, il est chef et tyran d'une multitude abrutie par les habitudes du sommeil.

Nous n'avons pas la prétention de détruire avec deux articles de journaux une secte marseillaise qui remonte aux péripatéticiens descendus de la galère de Protis; nous voulons seulement donner à l'histoire de cette secte les matériaux nécessaires aux Hérodotes de l'avenir.

Les progrès de la musique et le triomphe du *si bémol* ont donné aux mœurs péripatéticiennes un caractère bruyant inconnu de nos aïeux. Ainsi dans les premières années de ce siècle, lorsque *le Calife de Bagdad* et *les Chasseurs et la Laitière* faisaient salle comble au Grand-Théâtre, à l'époque où les ténors se nommaient Hautecombe, où M. Fay triomphait sur toute la ligne de la rampe avec l'air *Sexe charmant, j'adore ton empire*, les péripatéticiens de Marseille gardaient le diapason normal de cette période lyrique et ne s'élevaient jamais au tapage nocturne sous prétexte de faire de l'art. La lyre tétracorde ou le petit psaltérion se retrouvaient alors sous une autre forme entre les mains des Phocéens de la Cannebière. La guitare florissait dans toute sa beauté naïve ; le luthier Lippi, le parrain de Della-Maria, étalait dans son magasin du port des cargaisons de mandolines pour Marseille et pour l'exportation. Tout capitaine marin, en partance pour l'Amérique ou l'Inde, se munissait d'une mandoline et en pinçait au pied du grand mât, en attendant les vents alisés des Açores, la brise des tropiques ou le retour des moussons. L'équipage se pâmait de joie en entendant sous un dôme d'étoiles ce capitaine artiste qui entonnait : *Cent esclaves ornaient ce superbe festin* et le fameux *Point de jour* du *Hulla de Sarmacande*. Ainsi la musique douce charmait les ennuis de la navigation avant l'invasion du *Dieu secourable* des *Huguenots*.

Le nocturne, chant si bien nommé, était alors en vogue chez les péripatéticiens de Marseille : on le fredonnait *sotto voce* comme chœur *zuzure* de sauterelles, et le nocturne le mieux réussi dans son exécution était celui qu'on n'entendait pas. Il commençait presque toujours par cette invocation, *O nuit, sois-nous propice*, et dans aucune alcôve du voisinage personne n'était interrompu dans son sommeil par ces artistes nomades qui prenaient le nocturne sur un ton si doux et parlaient si poliment à la nuit. Sur les Allées de Meilhan, un chœur de jeunes gens, exemptés de la conscription, chantait souvent cette calme mélodie *Dé bouen matin mi siou levado,* qui n'avait pour auditeur que la sentinelle du corps-de-garde de M. Turc, et rien n'était charmant à entendre comme le refrain, *Chu, chu, ché va faou pas diré,* refrain qui portait sa leçon avec lui et contenait tout le programme nocturne des péripatéticiens. Ce *chu* deux fois répété annonçait que le silence relatif était la première condition du chant nocturne, et qu'il fallait respecter le sommeil des voisins lorsqu'on se livrait à une veillée amoureuse dans l'intérêt de l'art marseillais. Le péripatéticien poussait même la délicatesse aux dernières limites dans le chœur en vogue : *Dormez, chères amours, pour vous je veillerai toujours;* chaque artiste de ce concert ambulant indiquait le respect qu'il avait pour le sommeil d'autrui, en modulant avec une douceur et une suavité ineffables ce *Dormez, chères amours;* on comprenait que les chanteurs n'invitaient pas les gens à dormir avec l'intention de les réveiller brutalement.

Parfois un jeune homme, élève de Roux-Martin,

donnait un concert nocturne, dans les profondeurs désertes du Chapitre, ou quelques rares joueurs de boule, assis autour d'une table, veillaient en faisant des libations du champagne de Cassis, tout en discutant les mérites des deux illustres discoboles de l'époque, le *pointaïre* Chassan et le *tiraïre* Gambé, le Piémontais.

Le jeune virtuose, toujours muni de la guitare somnophile, avait un programme invariable, et toujours nouveau pour ses amis et pour les joueurs de boule attardés, il chantait : *O pescator del' onda* qui n'aurait pas réveillé une cigale sur les platanes du Chapitre; *Un jour voyant mon amant dans la peine*, romance endormie, qui chantée par la voix de l'âme, arrivait à peine aux lèvres; *Fleuve du Tage, je fuis tes bords heureux*, mélodie légère comme le frôlement de deux ailes de colibri; *C'est une larme que l'on accorde à la douleur*, romance plaintive qu'on entendait à peine, tant la voix de l'artiste était obligée d'être suffoquée par les sanglots; *Alexis, je t'attends*, chef-d'œuvre de Roux-Martin, romance sentimentale, qui demandait la plus grande réserve et la ténuité la plus exquise dans l'expression vocale, parce qu'il fallait laisser supposer que le chanteur avait pu tressaillir *au seul bruit des pas d'Alexis*.

L'admiration que tous les péripatéticiens ressentaient pour le jeune concertant leur imposait le devoir de se taire, et jamais un sot amour-propre ne leur aurait conseillé de se mettre de la partie et de chanter à l'unisson, comme cela se pratique trop aujourd'hui. Trente auditeurs silencieux étaient rangés autour de l'exécutant et ils n'applaudissaient même jamais, tant le respect de la nuit était incrusté au fond des cœurs de tous ces calmes péripatéticiens.

La guitare, en disparaissant à l'époque où disparurent les carlins, devait laisser des germes de perturbation dans les mœurs lyriques des péripatéticiens de Marseille. Un jour un crêpe de deuil couvrit la boutique de Lippi sur le port. La dernière guitare venait d'être vendue au dernier capitaine artiste. On voyait poindre à l'horizon les monstres qui devaient dévorer tant de gladiateurs ténors, tant de martyrs soprani, sur l'arène des cirques chrétiens; ces monstres, qui descendent en droite ligne des ichtyosorus et des mastodontes, se nommaient innocemment l'*ut de poitrine*, le *si de tête*, l'*ut dièze* et le *si bémol*. La guitare avait reculé d'horreur, et seul, le pharmacien Chapelle garda longtemps encore le culte de l'instrument nocturne dans sa boutique des allées de Meilhan. Les chrétiens remplacèrent alors les païens sur les gradins de l'amphithéâtre. Tour à tour on vit arriver sur l'arène Nourrit, Dupré, Falcon, Damoreau, Massol, Dorus, et d'autres gladiateurs moins illustres, les belluaires de l'art ouvrirent les grilles de la rue Lepelletier, et les monstres de la gamme homicide se ruèrent devant l'orchestre, et l'orchestre se mit à rugir avec eux. Le combat ne fut pas long. Les gladiateurs et les jeunes martyrs furent dévorés sur place. Le public devint le complice des monstres, comme autrefois au cirque de Titus à Rome ; malheur au gladiateur timide qui aurait voulu escamoter le *si bémol* du *Dieu secourable*, le public qui avait payé pour entendre le monstre forçait le ténor à recommencer la lutte, et il ne paraissait satisfait qu'en apprenant la mort vivante de Dupré, la retraite fatale de Falcon, ou la mort sanglante de Nourrit.

Les monstres de la gamme rebondirent du théâtre dans la rue, et on sait avec quel succès de poumons et d'insomnie générale. Tous les soirs, des centaines de voyageurs arrivent des deux Indes et débarquent sur le môle de Marseille ; ils ont subi le mal de mer, les tempêtes, les brûlantes insomnies ; mais la rive hospitalière est là : ils descendent dans les hôtels voisins de la mer, et ils sont heureux de penser qu'enfin, après tant de veilles, ils vont goûter une nuit calme et savourer les douceurs du repos. L'hospitalité le voudrait ainsi, mais les péripatéticiens n'ont pas les mœurs hospitalières. Après minuit, ils éprouvent l'invincible besoin d'épuiser leur répertoire saxiphage, et les voyageurs, à chaque instant réveillés par cette explosion de notes fulminantes, regrettent les tempêtes de l'Océan, les rugissements des jungles de l'Inde, les fracas de l'artillerie, les éruptions des volcans transatlantiques et le concert strident des chaudières à vapeur.

A l'aurore, ils n'ont pas besoin de se réveiller, ils descendent, pâles d'insomnie, dans le bureau du maître d'hôtel pour se plaindre des péripatéticiens de Marseille. On leur répond : « Ah ! c'est l'usage ; on aime beaucoup la musique dans cette ville ; tout le monde est artiste et les chanteurs du peuple réveillent les gens pour les amuser, tant pis s'ils ne s'amusent pas ! »

Et les voyageurs se retirent en disant : « C'est bien, nous rentrerons par le Havre une autre fois ! »

# VOYAGE DU PHOCÉEN

Voici la réalisation du plus beau songe d'été que l'homme heureux puisse faire : en échange de mille écus, le navire *le Phocéen* vous livre tout un monde, le monde terrestre et maritime des anciens. C'est une agile frégate à vapeur, lancée, l'autre jour, dans les eaux de la Ciotat, et qui déjà fait sa toilette de départ, en conviant à son bord toute l'aristocratie opulente et voyageuse de l'Europe. Le 15 mai, sous la lune des fleurs, *le Phocéen* sortira du port de Marseille pour son voyage de trois mois ; c'est dire qu'il va glisser sur la mer, toucher la main à Constantinople, et rentrer du même élan ; c'est plus fabuleux que le navire *Argo*, mais c'est plus vrai que lui. Chemin faisant, *le Phocéen* saluera toutes les cités à grandes et poétiques appellations qui bordent les rivages, couronnent les promontoires, dominent les archipels. En trois mois, quel magnifique cours d'histoire ancienne, professé sur la mer d'Alexandre, de Scipion et d'Annibal! La tente gonflée au vent de la Méditerranée, le cabestan chargé de fleurs; la dunette couronnée de femmes, comme un salon de bal; au son des pianos du bord et des cavatines italiennes, ce beau navire va courir devant cette immense galerie de tableaux vivants, suspendus aux murailles Apennines, depuis la tour ruinée d'Albenga, sans renom dans les livres, jusqu'à la tour de Métaponte, où pleurait Annibal, se souvenant de Cannes et s'embarquant pour Zama.

Le plan de cette promenade historique est habilement conçu. *Le Phocéen*, avec le merveilleux auxiliaire de la vapeur, saura regagner, en vitesse, le temps perdu aux stations: de Marseille à Gênes, c'est un ruisseau à franchir, il visitera Gênes, la ville des bonnes hôtelleries, des belles femmes, des grands paysages, des sublimes palais; Livourne, ensuite, caravansérail prosaïque où l'on s'arrête pour respirer; porte ouverte sur le double chemin de Pise à Florence, ces deux cités endormies, qui ont tant de rêves à conter au voyageur; Civita-Vecchia, l'antichambre de Rome. Huit jours à Rome, c'est assez pour la voir et l'embrasser sur toutes ses cicatrices. Puis, à Naples, la belle Parthénope, qui renferme une volupté dans chaque lettre de son nom. En sautant par-dessus Charybde et Scylla, et victorieux de l'un et de l'autre, *le Phocéen* arrive à Palerme; les voyageurs sont au pied de l'Etna; ils visitent le Val di Noto; ils s'asseoient sur les gradins du cirque de Taorminum, qui s'illuminait, dans ses antiques jeux, avec les flammes du volcan voisin; ils saluent de loin ces nobles cités qui couronnent la Sicile : Agrigente, Catane, Messine, Syracuse, Ségeste, toutes bordées de laves et de fleurs. De Palerme à Malte, il n'y a qu'un bond.

On laisse l'île fumante de Stromboli; on débarque à Malte, rocher mystérieux qui garde un souvenir, une religion, une foi. Après, on laboure les eaux de Thémistocle et de Xerxès; on cingle vers le Péloponèse; vis-à-vis est un port qui a un nom, le Pirée; une ville qui fait incliner le front quand elle se nomme: c'est la ville de l'antique sagesse : Athènes. Ici, *le Phocéen* est en pays de connaissance; le fils vient revoir ses aïeux. La colonie marseillaise demande l'hospitalité aux Grecs, enfants de Phocée. On séjourne une semaine dans la cité de Minerve ; on regarde, au Parthénon, tout ce que lord Elgin a bien voulu nous en laisser ; lord Elgin a emporté à Londres les deux tiers du Parthénon ; ils ornent son cabinet d'antiquaire ; noble et touchante passion d'artiste anglais ! elle n'a de rivale au monde que celle d'Ibrahim-Bey qui tirait des volées de canon sur les bas-reliefs de Praxitèles et de Phidias. Comme on s'instruit en voyageant ! D'Athènes on va voir Scyra, oublieuse de Lycomède et d'Achille ; de Scyra on court à Constantinople ; c'est une magnifique hôtellerie. Avec ses trois noms, cette cité a trois histoires à vous dire : Constantinople, Bysance, Stamboul ; grecque, chrétienne, musulmane, elle vous parlera de sainte Hélène, de la vraie croix, de Mahomet II, du Coran, de Cimabuë, des Croisades, des Califes des Mille et une nuits, des anachorètes et du sérail. La moitié de l'histoire du monde a été faite entre les Dardanelles et Marmara. Tout ce qui a été grand est mort à Constantinople ; Rome y a trouvé son cercueil ; tout ce qui nous a consolés depuis, est venu de là. Cimabuë, l'Énée des beaux-arts, a emporté, de cet Ilium, les dieux et les pénates de Rome, et les a déposés à Florence et à Pise, sous les marbres de Santa-Maria

Novella et du Campo-Santo. De là sont venus Giotto et Raphaël. Douze jours de repos à Constantinople. On visite Pera, Galata ; on se promène en canot devant Tophana, devant le sérail qui s'allonge en pointe, sur le golfe, en secouant à la brise ses persiennes volantes, ses coupoles de palmiers et de sycomores. On visite la prairie de Biü-Diereck ; les pelouses de Térapia si fraîches sur le Bosphore ; on saute d'Europe en Asie, comme sur la carte ; on monte à la colline de Sainte-Sophie ; on a quelques heures à donner à tous les lieux illustrés par la poésie, l'héroïsme ou la religion.

C'est Smyrne qui vous attend ; Smyrne est peu de chose, mais tout près sont les ruines ou les vestiges de Troie. Les tours de Priam sont tombées ; Ténédos, le cap Sigée, le mont Ida sont encore debout, et Homère avec eux. Cette terre est encore rayonnante de fables historiques et d'histoires fabuleuses ; l'imagination est en fête là où les yeux n'ont plus rien à voir : de Smyrne à Scio, de Scio à Tunis, de Tunis à Carthage le cercle de la guerre punique est achevé. Vous avez fait votre cours de philosophie ; vous avez vu à Rome les ruines du temple du dieu *Ridiculus*, bâti en mémoire de la retraite d'Annibal ; vous avez vu les sépulcres de Scipion sur la voie Appienne ; maintenant voilà les ruines de Carthage : la gloire, c'est cela.

Rentrons chez nous avec *le Phocéen*. La promenade est finie ; il vous sera doux, en descendant les mêmes sillons avec le navire, de saluer une seconde fois les lieux que vous avez déjà visités ; voir est un plaisir, revoir est un bonheur. Le dernier relai du voyage est au port d'Alger : nous sommes en France ; Alger, c'est le département de l'Atlas.

Il faut vraiment voter des actions de grâces aux honorables négociants marseillais qui ont créé ce voyage, ou pour mieux dire cette fête de trois mois. MM. Luce et Bonet, propriétaires et parrains du *Phocéen*, conçoivent de gigantesques projets et les exécutent ; ils ont dans l'esprit la haute intelligence qui prévoit les obstacles ; dans le cœur, le courage qui les brave ; dans la main, l'or qui les aplanit. Avec ces qualités on arrive à tout. Rendez-vous est donné par eux sur le môle de Marseille, du 15 au 20 mai. *Le Phocéen* sera prêt : il attend son monde artiste et voyageur, la proue tournée vers l'Italie, ses ailes à flots, sa chaudière en feu. Il n'est point d'habitation comparable à l'entre-pont du *Phocéen*. C'est une longue et magnifique galerie incrustée de marbre, d'acajou et de cristal ; c'est un luxe à étonner ceux mêmes qui connaissent les superbes paquebots américains du Havre. Dans l'agrément, l'intérêt, le bien-être des passagers, tout est prévu à bord, depuis le nécessaire jusqu'au superflu. La vogue ne manquera point à cette belle entreprise. La bonne compagnie, qui se rend aux eaux pour ne pas se baigner, ou qui s'enferme dans ses châteaux pour passer un été pluvieux de quinze jours, aimera mieux, sans doute, faire ce voyage autour du monde classique, à bord du *Phocéen :* ce sera une nouvelle mode de la belle saison.

Sur les tablettes du premier voyage, bien des notabilités sont inscrites déjà ; l'Europe entière est dans le secret : c'est une sorte de croisade, avec les dangers de moins et les plaisirs de plus. En trois jours, la poste vous jette à Marseille, à bord du *Phocéen*, hôtel garni et flottant ; on se promène sur mer quelques mois ; on embrasse toute l'antiquité, et l'on s'en revient, à l'automne, parler de Stamboul, de Troie et de Carthage, dans une loge de l'Opéra ou des Italiens.

# LES RUES CÉLÈBRES

## DE L'EUROPE

Dans une grande ville, une belle rue est le plus beau de tous les monuments. Les yeux se complaisent toujours à suivre cette succession d'édifices qui se déroulent à l'infini, soit que la symétrie leur ait imposé ses règles, soit que la variété des aspects y éclate dans une fantaisie monumentale. Après dix années de séjour à Paris, on ne prend plus la peine de regarder la façade monotone de la Bourse, couronnée de paratonnerres, et c'est toujours sans lassitude et avec bonheur qu'on regarde cette magnifique rue de la Paix qui va du boulevard aux Tuileries, en se décorant de ce gigantesque point d'admiration de bronze, où rayonne la statue de Napoléon. Aujourd'hui les belles rues abondent à Paris; mais la longueur démesurée de leurs deux lignes joue peut-être un trop grand rôle dans leur beauté. Qu'elle est longue ! dira-t-on quelquefois, en parlant de l'avenue Sébastopol : qu'elle est belle ! dira-t-on toujours, en parlant de la rue de la Paix.

Les Anglais ont introduit dans leurs jardins le caprice, la fantaisie et la sinuosité des méandres et des labyrinthes, mais ils ont appliqué la froideur de la symétrie aux rues. On cite à Londres le *Strand* et *Oxford street*, qui n'offrent à l'œil aucun agrément de perspective. Le *Strand*, depuis *Temple Bar* jusqu'à *Charing Cross*, est un prosaïque conducteur de foule, une double haie de maisons plates et bourgeoises, où le regard ne distingue que la façade de *Sommerset house*, et les deux clochers de *Sainte-Mary-Lebonne* et de *Saint-Martin*. *Oxford street* est la plus longue rue du monde, et les brouillards éternels qui couvrent son horizon extrême peuvent même faire croire qu'elle ne finit pas, mais rien ne réjouit les yeux dans cet amoncellement de maisons à deux étages ; une interminable tristesse se déroule sous un ciel de charbon de terre en fusion, en justifiant tous les efforts que l'Angleterre a faits pour conquérir les lumineuses rues de Calcutta, le Londres du soleil.

La ville universitaire d'Oxford montre aux voyageurs une des plus curieuses rues du monde. C'est une double haie de palais fantastiques, dont l'architecture n'appartient à aucun ordre de Vitruve. L'imagination a déployé là toutes les variétés de ses caprices; on croirait voir un rêve de Martyns matérialisé en pierre pour réjouir le voyageur qui vient de s'attrister devant l'*Oxford street* de Londres. Autrefois le *coache* de *Golden Cross* traversait au vol cette merveilleuse rue, et les voyageurs perchés en *outside* étaient confondus de surprise en découvrant ce poëme monumental de Piranèse, écrit sur deux lignes de granit, cette galerie du Palais de Thésée, bâtie par Shakespeare, dans le songe du *Midsummer*. Les plus exaltés parmi les touristes de l'*outside* étaient presque tentés de croire que, tous les jours, au passage du *coache*, on empruntait des décors de carton peint au théâtre d'Oxford, pour composer une rue, et qu'une fois le *coache* passé toute cette fantasmagorie d'opéra disparaissait et rentrait dans les magasins. Aujourd'hui il est donné à bien peu de voyageurs de voir cette curiosité unique; le chemin de fer de Birmingham la côtoie et ne la montre pas. Les coaches ou les diligences avaient leur bon côté. C'est un de mes plus doux souvenirs de voyage ; nous étions au *midsummer*, aimé du grand Will ; le soleil était chaud, quoique anglais ; notre *coache* semblait emporté par un attelage d'hippogriffes ; la prodigieuse rue d'Oxford éclata subitement devant nous, comme un immense changement à vue, et nous arracha des cris d'admiration. On faisait encore cinq lieues à l'heure, en ce temps-là, et l'on s'arrêtait, au bout de la rue fabuleuse, dans la fraîche hôtellerie de *Golden Lion*, où fumait la colline de bœuf rôti que le *landlord* découpait pompeusement, à l'arrivée des voyageurs. Rien ne nous paraissait charmant comme ce mélange de fantaisie poétique et de réalité culinaire ; une rue admirable servant de préface à ce savoureux festin. C'était encore un rêve du milieu de l'été.

Dublin est une superbe ville, et *Sakeville street* est son plus bel ornement. Cette rue est bordée par de somptueux édifices, dont le caractère monumental corrige la froideur symétrique. On trouve là cet inévitable monument que les Anglais ont élevé à Nelson dans toutes leurs villes, mais il n'ajoute rien à la beauté de *Sakeville street* ; c'est beaucoup, car il est arrivé quelquefois que le bronze de Nelson a porté préjudice aux édifices du voisinage ; à Liverpool, par exemple, où l'admiration qu'inspire la Bourse est un peu égayée par le vilain squelette de bronze représentant une Mort assez comique, prête à faucher Nelson sur l'arrière du *Victory*. La misère, le paupérisme, la prostitution, ces fléaux ambulants des villes anglaises, jettent une ombre triste sur cette rue de Dublin. Le vice et la pauvreté ont le droit de demander l'aumône partout chez nos voisins. Les Anglais envoient des secours de paroles à toutes les infortunes de l'univers, et ils dépensent ainsi à l'étranger tant de philanthropie, qu'il ne leur en reste plus pour leurs compatriotes de la rue, à Londres, à Liverpool, à Manchester, à Dublin.

A Gênes, la Strada Balbi et les autres rues qui sur la même ligne montent au théâtre *Carlo-Felice*, sont les merveilles de l'architecture urbaine : cette succession monumentale de palais de marbre étonne et ravit tous les voyageurs ; on dirait que tous les souverains de l'Europe, désireux d'avoir un pied-à-terre à Gênes, ont fait bâtir, pour eux, une rue à frais communs ; et ce sont de simples particuliers, ennoblis par la richesse et leur mérite, qui ont épuisé les mines de Carrare pour prodiguer ainsi les splendides façades, les grands escaliers, les nymphées, les balustres aériens, les statues, les colonnes, les terrasses, toutes les richesses enfin de l'architecture, sous ce ciel admirable, seul cadre digne de la poésie du tableau.

Le *Corso* de Rome n'a rien de remarquable, mais il jouit d'une grande réputation. Cette rue commence à la place du Peuple et finit à la place de Venise ; sa longueur rectiligne est assez considérable, mais la décoration manque : c'est un amalgame de palais et de maisons, de noblesse et de bourgeoisie ; un seul monument pourrait frapper et ravir le regard si on le découvrait de l'une de ses extrémités : c'est la colonne *Antonine*, mais elle s'élève dans une saillie rentrante de la place de ce nom : debout au milieu du Corso, elle produit l'effet de notre colonne Vendôme, dont elle est le modèle marmoréen ; Paris l'a copiée avec de l'airain.

On pourrait citer encore quelques rues moins célèbres, mais celles-là suffisent pour prouver que les touristes amateurs, très-oublieux de leur nature, emportent toujours d'une ville un souvenir qui domine tous les autres, et souvent les exclut tous ; c'est le souvenir de la rue célèbre. Parle-t-on à un voyageur de Dublin : — Ah! oui, dit-il, je connais Dublin ; quelle belle rue *Sakevillee street!* C'est la plus belle rue du monde, et il n'ajoutera rien pour *Phenix Park*, un admirable jardin, ou pour la belle église de *Saint-Patrick*. Parle-t-on de Gênes, le voyageur dira tout de suite : Oh! la *Strada Balbi !* c'est la plus belle rue du monde, et il n'ajoutera rien pour le palais *Doria*, l'église de l'*Annunciade* ou la cathédrale *San-Lorenzo*. Dans une grande ville, une rue magnifique est comme le visage de la ville; c'est ce qui frappe le plus; c'est ce qu'on regarde le plus souvent; on se souvient toujours du visage, on oublie le corps.

En général, ce sont les étrangers qui font la réputation des rues capitales : les gens du pays s'habituent de bonne heure à ces magnificences au milieu desquelles ils sont nés, et les traversent avec indifférence. Un mauvais plaisant de table d'hôte a fondé la réputation de notre Cannebière; son mot a été trouvé charmant par ce bon public parisien qui se pâme d'aise en entendant chanter *les Bottes de Bastien, Ohé! les petits Agneaux, La-i-tou, Framboisy*, et autres stupidités pyramidales qui, pendant quatre saisons, font les délices du peuple le plus spirituel du monde, et font le malheur des imbéciles provinciaux, accourus dans l'Athènes moderne pour se former au beau langage de la civilisation. Or, voici ce qui arrive : ce

Grassot d'estaminet qui a mis en circulation le fameux *Si Paris avait une Cannebière*, était à son insu un prophète, comme Jonas, avec cette différence qu'au lieu d'annoncer la chute de Ninive après quarante jours, il a prédit la fortune de Marseille après quarante ans. Il faudra cet intervalle pour faire une chose sérieuse d'une plaisanterie d'estaminet. Il est facile, en effet, en suivant la loi de la progression, de se donner une idée juste de ce que Marseille sera dans les premières années du siècle prochain. Les collines de sa campagne seront ses murs d'enceinte, son golfe sera son port, de l'*Estaque* au Château-d'If; son Prado sera la rue de la mer et l'avenue du faubourg Montredon. J'ai peut-être quelques droits à écrire ce paradoxe patriotique, car j'ai osé avancer, dans une brochure publiée chez Camoin, en 1838, que le Palais-de-Justice serait un jour bâti sur la place Monthyon, et que toute l'aristocratie commerciale aurait son domicile sur le terrain défriché par M. Nicolas. Personne ne croyait alors à pareil progrès, et deux de mes compatriotes me firent l'honneur de me réfuter victorieusement. La Cour de cassation du temps a cassé la réfutation.

Et dans cet inévitable développement de la ville et des ports, quel est l'avenir de cette fameuse Cannebière, si connue dans les estaminets? Cet avenir est déjà au présent. Le million d'étrangers qui traverseront Marseille pour venir à l'Exposition universelle, pourront contempler la Cannebière dans toute sa splendeur. Qui sait ! l'inventeur du bon mot sera peut-être parmi les touristes ou les exposants : il ne reconnaîtra plus sa Cannebière. A défaut de l'inventeur, les visiteurs étrangers qui ont répété le bon mot seront innombrables, ils rendront justice à l'intelligence du prophète de la Cannebière, et prendront au sérieux la plaisanterie d'estaminet.

L'ancienne Cannebière était une simple pierre d'attente, une ébauche de rue, une préface d'architecture; les pierres ont aussi leurs destins ; il y en a de malheureuses, et d'autres font fortune, avec la patience et le temps. Il y a deux siècles, on recueillait du chanvre, *cannabis*, sur ce coin de terre: on y recueillera des millions. Le chanvre est fauché; son nom seul reste dans notre ville latine ; on bâtit deux lignes de maisons sur cette corderie en herbe, et les échevins trouvèrent que cela était bien, et en donnant à la Cannebière une largeur énorme, ils lésinèrent un peu sur la longueur. Deux siècles, ou à peu près, s'écoulent : ah! le progrès ne s'improvise pas, un conseiller

municipal conçoit un projet superbe et se dévoue à
son œuvre avec une glorieuse obstination qui ne doit
cesser qu'après la réussite : il s'agit pour lui d'éclipser
la réputation de toutes les rues célèbres ; il s'agit pour
lui d'établir un immense chantier aux limites de cette
pierre d'attente qu'on nomme la Cannebière, et de
prolonger le *Sakeville* marseillais dans des proportions
grandioses, et dont l'avenir seul plantera la borne
dernière. Les rêves municipaux n'aboutissent pas
toujours à des réalités : cette fois l'honorable conseiller, qui avait dépensé tant de laborieuses veilles au
profit de son idée réputée fabuleuse, eut le bonheur
de voir tous les obstacles s'aplanir comme par en-
chantement ; et tout à coup, placé à la tête de l'édilité
marseillaise, il eut le bonheur plus grand d'ouvrir
lui-même la première brèche du quartier Noailles,
et de créer ainsi le plus beau monument de Marseille,
la Cannebière de l'avenir, une rue triomphale qui, de
ses lointaines limites de l'est, montrera aux voyageurs, vers son autre extrémité, les forêts de mâts,
les grandes lignes de l'horizon maritime, et la route
splendide qui doit conduire aux écluses abattues de
Suez et de Panama. Chose singulière ! ce prolonge-
ment étant donné du côté des allées de Meilhan, Mar-

seille, vue à vol d'oiseau, paraîtra décorée de ses *armes* héraldiques, *la croix dans un champ d'azur :* ce glorieux blason sera figuré par l'ancienne ligne qui s'étend de la porte de Paris à la porte de Rome, et par la nouvelle digue qui, de la porte de la campagne, viendra toucher la porte de la mer. Un côté seul manquait à cette croix, à cet antique blason de l'évêque Lazare ; on le termine en ce moment ; le marteau a déjà fini son œuvre, la truelle va commencer la sienne.

# L'ACADÉMIE

En arrivant à Paris, pour la première fois, avec l'inexpérience de la province et la candeur du bel âge, je travaillai avec Barthélemy, à un in-octavo dirigé contre l'Académie. Le livre était mêlé de vers et de prose, à l'exemple du *Temple du goût* de Voltaire; il était semé d'épigrammes imitées de Martial, et farci d'apostrophes en ô renouvelées de Faublas. L'Académie venait de faire coup sur coup deux choix, vivement blâmés par le libéralisme et la clientèle de l'éditeur Touquet; elle avait nommé l'abbé Fraissinous et l'archevêque de Quélen. Nous écrivîmes cette épigramme dans ce livre anonyme :

> Hier, traversant, je ne sais dans quel but,
> Le pont du Louvre et de l'Académie,

Au vieux cadran qui meuble l'Institut
J'entends sonner deux heures et demie ;
Au même instant, la tour de l'Auxerrois
Sonne en duo, mais compte jusqu'à trois ;
Si bien qu'oyant l'une et l'autre pendule,
Je fus perplexe, et puis, me ravisant :
Non, tout va bien, dis-je, car à présent
L'Église avance, et l'Institut recule.

Nous entrâmes chez un libraire, notre manuscrit à la main, avec la certitude de conclure l'affaire sur-le-champ. L'échec que nous reçûmes fut consigné plus tard dans une épître adressée à un ami ; j'en extrais la citation nécessaire :

. . . . . . . . . . . . . . . . . . . . .
Nous avons découvert ici
Un âne de Montmorency
Qui tient boutique de libraire ;
Parlant fort peu, mais sachant braire ;
Il nous dit : — Avez-vous un nom ?
Hélas ! nous répondîmes : — Non ;
Sans parrain, comme sans baptême,
Nous vivons, frappés d'anathème,
Et l'ami qui veut nous parler
Nous siffle pour nous appeler.

Enfin, le vers d'Ovide eut raison :

*Mille domos clausere seræ, tamen una recepit.*

Le libraire Ponthieu nous accueillit, malgré l'absence de nos noms, et publia notre livre; il semblait prévoir qu'il allait bientôt considérablement augmenter sa fortune, en publiant notre *Villéliade*.

A cette époque, les journaux, à l'exception d'un seul, qui était académicien, lançaient des épigrammes contre l'Académie, et, grâce à leurs articles gratuits, notre livre fut enlevé. Ce serait bien différent aujourd'hui, l'Académie n'est plus attaquée; il y a, dans chaque journal, au moins un écrivain qui vise, *in petto*, au fauteuil. Aussi le corps aux quarante têtes est inviolable; il jouit de la béatitude des immortels Piron et Vigée distribueraient en manuscrits leurs épigrammes, s'ils étaient nos contemporains.

J'ai donc commencé ma vie littéraire par un volume d'épigrammes anti-académiques, volume d'ailleurs où presque tous les académiciens étaient loués, car personne ne respecte plus que moi l'honorable personnel des quarante; c'est l'institution que j'ai toujours attaquée, et non les institués. Je n'ai jamais concouru à aucun prix Gobert, Monthyon ou autres; je ne suis jamais entré dans le local des séances; je connais plusieurs académiciens reçus, mais je n'ai jamais vu la face d'un récipiendaire. Me voilà donc mieux qu'un autre en position de dire sur l'Académie des choses peut-être nouvelles, mais qui ne feront de mal à personne et laisseront quarante fauteuils debout.

Au dix-septième siècle, au siècle qui donnait à Corneille douze cents livres de pension et deux mille quatre cents à Chapelain ; au siècle qui payait six francs de droits d'auteur au *Cid* et à *Phèdre* ; au siècle où La Fontaine attendait, au Cours-la-Reine, madame de Sévigné pour lui faire un léger emprunt de dix pistoles ; au siècle où Barbin disait à l'auteur des *Satires* : Réjouissez-vous, monsieur Despréaux, nous vendrons cinq cents exemplaires de votre *Lutrin !* au siècle où l'auteur de *Nicomède* donnait à radouber ses souliers devant une boutique en faisant le pied de grue, cinq ou six nobles seigneurs, plus riches que le roi, eurent l'excellente idée de fonder une Académie, dans laquelle on admettrait quelques hommes de lettres. Il n'y avait alors, à Paris, ni public, ni acheteurs, ni cabinets de lecture, ni libraires. Le seul Barbin étalait au perron de la Sainte-Chapelle ses vieux livres et ses brochures, imprimés sur papier grisâtre, avec des têtes de clous. Cette noble institution académique assurait le sort des célèbres écrivains qui doutaient souvent de leur dîner et de l'avenir de leurs chaussures. Gens de lettres et grands seigneurs furent mis ainsi sur un pied d'égalité parfaite : la plume se plaçait sous la protection de l'épée; l'horizon littéraire prenait une teinte d'azur, et le savetier de la rue de la Huchette perdait la clientèle de Corneille, de La Fontaine et de Boileau. En dehors de la littérature profane, les orateurs qui ont fait la gloire de ce siècle et la fortune de la langue étaient pourvus et se passaient de patronage; Bossuet, Massillon, Fénelon, Fléchier auraient vécu à leur aise sans Académie. Il restait un nombre très-restreint de littérateurs à protéger. Un prétexte honorable devait être donné à cette institution généreuse; il fut donc décrété par Boisrobert que l'Académie ferait des discours et publierait un dictionnaire. L'amour-propre des gens de lettres besoigneux était ainsi sauvegardé.

Après la mort de Louis XIV, la fureur des candidatures académiques débuta aux portes du Louvre avec une violence inouïe. Tout poëte, auteur d'un sonnet ou d'un quatrain publié dans le *Mercure*, se mit sur les rangs à la mort d'un immortel, et fit ses trente-neuf visites d'obligation. La formule des visiteurs était conçue en ces termes invariables : « Monsieur, vous étiez quarante grands hommes ; un d'eux est mort avant-hier : me voici pour le remplacer ; je suis digne d'entrer dans votre sein. »

Le candidat, étant reçu, commençait ainsi son discours académique : « Messieurs, tout indigne que je suis d'entrer dans votre sein, etc., etc. »

Cette double formule d'orgueil et de modestie aurait pu bien souvent faire tomber le réquisitoire sur la tête de l'orateur. Un procureur du roi pouvait avec justice demander l'arrestation de l'académicien nouveau et le foudroyer par ces paroles : « Vous avez trompé la bonne foi de trente-neuf immortels en leur disant que vous étiez digne d'entrer dans leur sein. Lorsque vous avez eu votre fauteuil, qui vous donne une pension de quinze cents francs, vous avez avoué que vous étiez indigne d'entrer dans ce sein. Eh bien ! ces quinze cents francs auraient sauvé la vie à Malfilâtre, à Gilbert, à Pierre Dorange et à bien d'autres qui valaient cent fois mieux que vous, et qui sont morts de faim. Je vous accuse d'escroquerie, et je vous traîne devant un tribunal. »

Par malheur, ce procès correctionnel n'a jamais été fait. On a vu, dans le dix-huitième siècle, un grand nombre de candidats, riches d'or et pauvres d'esprit, qui, pendant toute leur vie, ont encaissé les quinze cents francs, si nécessaires à tant d'hommes d'élite, morts sur un grabat! Dans les fastes académiques, il n'y a pas d'exemple d'un académicien riche et improducteur, qui ait cédé sa pension à un jeune écrivain d'avenir, mort inconnu dans un grenier.

On est ému de pitié en songeant que, pendant ce dix-huitième siècle, l'institution académique a prodigué un budget énorme à une foule de riches immortels, morts en naissant, et que le pain quotidien a manqué à des hommes de génie!

Mais, répondent les mânes des académiciens, nous avons fait le Dictionnaire!

Mais, répondrons-nous à ces mânes, les deux plus belles langues du monde, deux langues auprès desquelles notre française n'est qu'un élégant patois, la grecque et la latine, n'avaient pas de Dictionnaire sous Périclès et sous Auguste, et les plus grandes œuvres du génie humain ont paru sans le secours d'aucune académie. Sophocle, Euripide, Eschyle, Virgile, Juvénal, Ovide, Horace, Tacite, n'avaient pas de Dictionnaire; ils ne signaient pas *unus ex quadraginta*, et ils ont donné des monuments éternels qui, du haut de leurs deux mille ans, regardent en pitié toutes les littératures modernes, toutes les académies. Homère a créé un monde sans Dictionnaire, et lorsque le sublime vieillard s'en allait à travers les îles Ioniennes avec les papyrus de son *Iliade*, il n'avait pas sous le bras deux in-quarto académiques : c'était le Bias de l'intelligence ; il portait tout avec lui, dans son vaste front. Le Dictionnaire a été créé par Pascal, Bossuet, Massillon, Fénelon, Fléchier ; ils ont donné à notre langue tout ce qu'on peut donner de perfection à une langue du Nord. A mesure que la civilisation marche, les nouveaux besoins font créer des vocables nouveaux dont le peuple s'empare, et qui rentrent plutôt dans le domaine industriel que dans le temple littéraire. L'in-quarto académique donne à ces vocables des lettres de naturalisation, un demi-siècle après leur naissance ; lorsque toute une génération les a triturés, l'Académie les avale. On n'avait pas besoin de sa tardive intervention. Enfin, si un Dictionnaire a sa nécessité d'être, on trouvera des hommes de patience qui le feront à leurs frais, avec le secours des illustres créateurs de notre langue. Les apostilles de Pascal, de Bossuet, de Massillon, de Fléchier, auront plus d'autorité que les commissions alphabétiques, composées de MM. Campenon, Parceval, Vieillard et autres moins connus. Ce Dictionnaire des maîtres aurait économisé des millions, et serait bien mieux fait : on n'y aurait pas trouvé, entre autres inepties, cette bouffonne définition : « ÉCREVISSE, *poisson qui naît dans la mer, qui est rouge et qui marche à reculons.* » Nodier fit supprimer cette stupidité monumentale, en disant : « L'écrevisse n'est pas un poisson, ne naît pas dans la mer, n'est pas rouge et ne marche pas à reculons. »

Au reste, ces infirmités n'atteignent que les corps, dits savants ; il suffit de réunir trente hommes de talent pour faire un corps inutile. Un éclat de rire olympien accueillit Napoléon I$^{er}$ lorsqu'on mit sur le tapis de l'Institut l'invention de la vapeur par Fulton, et cette hilarité académique a retardé d'un demi-siècle la civilisation du monde. En 1805, l'Académie des inscriptions s'assemble pour composer le latin de la colonne Vendôme, et, après six mois de travail et les conseils de Delille, ce rival sérieux de Scarron, elle achève cette inscription macaronique, qui donne à l'Empereur le nom de *Neapolio*, et commet autant de barbarismes et de solécismes qu'un écolier de septième peut en commettre, quand il veut avoir la dernière place au concours. Par malheur, on ne peut corriger le bronze comme le papier. La colonne a gardé son écrevisse, et la gardera éternellement pour la honte de Delille, le sacrilége trahisseur du divin Mantouan, et pour la honte de l'Institut de 1806. Il était réservé à notre époque de voir le second travail de cette ruineuse et inutile Académie des inscriptions. Après la guerre de Crimée, un ministre (les ministres croient toujours aux Académies) demanda une inscription commémorative en bon latin. Les trente humanistes officiels s'assemblèrent pendant deux ans, et, après d'interminables discussions, le secrétaire envoya au ministre l'inscription adoptée ; c'est un tronçon du vers de Virgile :

*Non hæc sine numine divum eveniunt*

*Ces choses* (la prise de Sébastopol) *n'arrivent pas sans la volonté* DES DIEUX. Des dieux !!! Le *Pays* est le seul journal qui ait enregistré ce fait inouï dans ses colonnes. Si Virgile n'eût pas fait ce vers, notre Académie ne trouvait rien pour la médaille de Sébastopol. Après cet effet collectif d'invention, l'Académie s'endormit de nouveau. Elle avait composé, en cinquante ans, deux inscriptions, et touché quinze cents francs par membre ; additionnez, et pleurez sur le total, en pleurant sur le misérable sort de tant de jeunes lettrés qui, pendant ce demi-siècle, ont subi et subissent encore le martyre de la faim, ou qui sont morts de désespoir! Nous le savons plus que personne, nous, membres du comité des gens de lettres, nous qui lisons, tous les lundis, depuis vingt-cinq ans, tant de suppliques lamentables écrites par l'intelligence aux abois!

Revenons à l'Académie française. Dans la république des lettres, aujourd'hui composée de cinq cents citoyens, la province non comprise, un corps constitué sous Louis XIV a-t-il le droit de dire : *Celui-ci est supérieur à celui-là?* Tout homme juste répondra : Non, mille fois non! Ce droit est exorbitant et absurde; il établit un privilége de considération et de bien-être au préjudice d'un grand nombre d'hommes de talent; il subordonne le plus fort au plus faible dans l'estime de l'éditeur et de l'acheteur routiniers; il enrichit souvent la médiocrité intrigante pour laisser au grenier le talent inhabile, ou modeste, ou répulsif aux trente-neuf visites; il établit un antagonisme dangereux chez les travailleurs de l'esprit, et il élève quarante trônes dans la grande république des lettrés Ce corps donne-t-il au moins l'exemple de la fraternité littéraire à sa famille de l'extérieur? Non encore, mille fois non! D'abord trente-deux membres votent, et il n'y a jamais d'unanimité. C'est toujours la proportion de 18 à 14. Le candidat qui passe académicien à la faveur de 18 voix, entre dans le sein de la confrérie avec la douleur de songer qu'il a quatorze ennemis contre lui; quatorze mains de Judas à serrer; quatorze inimitiés immortelles. Quel homme sage et ami de l'existence douce consentirait à se loger toute sa vie dans un appartement où quatorze locataires lui auraient dit : Nous ne voulons pas de toi! Eh bien! elle est si forte cette étrange manie d'endosser gravement un costume carnavalesque d'oiseau parleur, que cette considération n'arrête aucun candidat sur le seuil ennemi. Qu'arrive-t-il ensuite? Les rancunes des mauvais ménages éclatent tout à coup, et ne gardent aucune mesure dans le scandale. C'est à ne pas en croire ses yeux ou ses oreilles. Un récipiendaire du plus haut mérite, M. Alfred de Vigny, se présente à la séance solennelle, avec la candeur d'un poëte de génie, et le président lui tire à brûle-pourpoint une arquebusade d'épigrammes consignées au *Moniteur*. Le néophyte est foudroyé sur son fauteuil; la plume tombe de ses mains, une noble plume qu'il n'a plus ramassée depuis vingt-cinq ans! Négligeons d'autres scandales intermédiaires, et arrivons à l'équipée de feu M. Briffaut. En 1807, M. Briffaut fait, comme tout le monde, sa tragédie, une tragédie dont le sujet est espagnol. Un an après, Napoléon déclare la guerre à l'Espagne. M. Briffaut, se voyant attaqué personnellement par l'Empereur, change les noms de ses personnages, leur met un costume assyrien, et met la scène à Babylone. *Ninus II* voit le jour. Talma, qui faisait réussir toutes les tragédies, donna un succès à M. Briffaut, qui tomba du haut de sa tour de Babel dans un fauteuil d'académicien. Un demi-siècle s'écoula; l'auteur de *Ninus II* se croisa les bras, et ne fit plus parler de lui. Tout à coup, un volume posthume sort de la tombe, pour attaquer la gloire et même la loyauté de notre grand poëte Lamartine. M. Briffaut mort accusait de plagiat le plus illustre de ses confrères, après cinquante ans de silence : il ressuscitait pour travailler et démolir *Graziella,* cette merveilleuse histoire écrite avec un rayon de soleil trempé dans les larmes du cœur.

Voilà pour la confraternité.

Aujourd'hui, l'Académie a signé son abdication; elle n'est plus un corps littéraire; toutes les anomalies vivantes s'y coudoient sur quarante fauteuils. On y trouve les ministres de tous les gouvernements, section des hommes d'État; les fondateurs du prix Voltaire; les avocats du pouvoir temporel; les patriotes de 89; les hommes de Blaye et de Gand; les romantiques de 1830; les classiques de 1810; les disciples d'Aristophane; les successeurs de Socrate et de Platon; les adeptes du spiritualisme; les admirateurs de Parny et de la *Guerre des Dieux*. On y trouve tout, enfin, excepté un Dictionnaire. En ces derniers temps, les trente-neuf reçurent un prêtre dominicain; par bonheur, M. Harel était mort; il avait remporté le prix de l'éloge de Voltaire, et il n'eût pas manqué de rappeler aux académiciens le fameux passage qui damne et met en enfer saint Dominique, dans la *Jeanne d'Arc* parodiée :

> L'ombre répond d'un air mélancolique :
> Hélas! monsieur, je suis saint Dominique....
> Que m'avaient fait ces pauvres Albigeois?
> Et je suis cuit pour les avoir fait cuire.

Ce trait peint, on ne peut mieux, l'étourderie qui règne dans cette chapelle de grands enfants! Ils font l'apothéose de Voltaire, et ils reçoivent ensuite, *dans eur sein*, comme ils disent, l'évêque d'Orléans et un dominicain, et l'évêque et le dominicain ont fait trente-neuf visites pour solliciter les suffrages de ceux qui, en couronnant Voltaire, ont approuvé tout ce que le philosophe a écrit contre le pouvoir temporel, le luxe des évêques, saint Dominique et les dominicains ! Les mânes d'Harel ont sans doute ri aux éclats, dans l'Élysée classique où dorment trois cents académiciens inconnus de leur vivant.

# IL N'ÉTAIT PAS DE L'ACADÉMIE

Les générations gardent le souvenir de quelques cris lamentables qui ont agi sur les nerfs des peuples, à certaines époques de l'histoire ; des cris stridents et corrosifs, notés sur le lugubre unisson du chœur d'*Euryanthe* : *Chasseurs égarés dans les bois!* Les plus connus sont le *Quomodo cecidit*, du livre des *Macchabées* ; *les Dieux s'en vont* et *le grand Pan est mort!* Notre siècle a inventé un cri de désolation, qui peut s'élever au diapason des autres. Quand un écrivain, honoré des suffrages du public toute sa vie durant, meurt sans avoir été coiffé du dôme de l'Institut, on s'écrie en chœur, sur toutes les gammes de l'*ululatus* féminin :

— Il n'était pas de l'Académie !

Et Paris fond en larmes, comme s'il venait de perdre son père Pharamond.

Sous la Restauration, le président Ravez laissa tomber sur la tête d'un député libéral ce terrible anathème :

— Monsieur, je vous rappelle à l'ordre!

Et M. de Corcelles s'écria d'un ton plaintif :

— Ah ! le voilà bien malheureux!

Et toute la Chambre fit écho.

M. Ravez se couvrit en signe de détresse, et resta seul de son avis. Il serait à désirer, pour compléter la lamentation, que le cri de M. de Corcelles fût répété en chœur par toute la France, après l'éternel : *Il n'était pas de l'Académie !*

Éternel, c'est le mot; car, à moins qu'un décret intelligent ne brise cette vieille institution, qui n'a plus aujourd'hui sa raison d'être dans la grande république des lettres, ce cri sera répété par l'écho universel de Josaphat, si l'Antechrist n'est pas nommé académicien.

En France, pays de la routine incurable, les mêmes effets subsistent, lorsque les causes ont disparu. Ainsi, pendant deux siècles, les changements de décors ne pouvaient se faire au Théâtre-Français, par une excellente raison : dix rangs de banquettes s'arrondissaient sur les planches de la scène, et tous les Valères, les Clitandres, les Dorantes, les Damis de ces époques avaient le privilége de s'asseoir gratis à ces places aristocratiques et d'inviter à souper Phèdre et Clytemnestre entre deux alexandrins. Le lendemain d'une représentation de *Sémiramis*, de Voltaire, Boufflers commençait ainsi une lettre à l'abbé de Chaulieu. « Mon cher Anacréon du Temple, hier je suis entré en scène avec l'ombre de Ninus... »

Aujourd'hui, les banquettes n'existent plus, et les Valères du sport sont en loges ; mais on continue à ne pas changer de décors. Le théâtre s'obstine à ne pas se machiner.

C'est l'histoire de l'Académie. Il n'y a plus de grands seigneurs, plus de Mécènes d'OEil-de-beuf, plus de Barbin isolé, plus de savetier de Corneille ; il y a un peuple d'acheteurs, des libraires à tous les coins, cinq cents hommes de lettres, dix revues, cinquante journaux, un public riche, et pas l'ombre d'un grand seigneur. Mais l'Académie, celle de la famine littéraire, existe toujours, avec ses quarante. Le chiffre n'a pas changé. On a augmenté, dans des proportions énormes, les agents de change, les courtiers de commerce, les notaires, les avoués, les huissiers; mais il y a toujours quarante académiciens, comme à l'époque des quatre hommes de lettres et des trente-six grands seigneurs. En 1663, deux récipiendaires trouvaient, dans leur séance de néophyte, une superbe occasion de lire deux discours sur l'*influence de...* une influence quelconque; s'ils avaient deux idées, ils pouvaient les faire entendre au public des réceptions, en économisant les frais d'imprimeur.

En 1863, les deux récipiendaires font la même chose; ils lisent des discours éternels qui endormiraient des salamandres dans le feu, si, par intervalles, une allusion politique ou religieuse, pudiquement voilée, ne secouait les cent cinquante familles des membres de l'Institut, seul public invité. Mais, chers et honorables récipiendaires, vous vous trompez encore d'époque; si vous avez deux idées, ou deux sujets de discours, ou deux théories dans la tête, avez-vous besoin, comme vos aïeux, d'une séance de réception pour rendre publiques vos découvertes? Si vous êtes des hommes de talent, le premier journal, la première revue vous ouvriront leurs colonnes avec enthousiasme, et la preuve, c'est qu'on vous les imprime toujours le lendemain vos discours, bien qu'ils ne soient pas amusants. Ce n'est pas votre faute, il est vrai. Le statut académique vous interdit la grâce et le charme, deux éléments sans lesquels le *beau* même n'est pas *beau*. Notre maître Horace l'a dit, et il se connaissait en matière de goût, lui, bien qu'il ne fût pas académicien : *Dulcia sunto*, vous crie-t-il, dans son admirable *épître aux Pisons*.

Autre raison qui pourrait s'ajouter encore au *considérant* du décret réparateur, et rendre au néant natal la lamentation, *il n'était pas de l'Académie!*

Le nombre toujours grossissant des candidatures académiques donne un côté peu moral à cette question.

Le cœur humain est inhumain parfois ; on le perce à jour aisément, car il est fait de chair et sans cuirasse osseuse. Les journaux annoncent un matin cette nouvelle, dans un *fait-Paris*, entre deux victimes d'omnibus :

« M. X..., membre de l'Académie, est dangereusement malade ; on désespère de ses jours. »

Voilà une nouvelle des plus tristes, sans doute. Rien ne navre le cœur comme ce glas funèbre sonné dans notre journal. C'est le cri du trappiste, et il s'adresse à nous tous comme un avertissement. Eh bien, là, de bonne foi, cette nouvelle ne déplaît pas à tout le monde. Il y a toujours, hélas ! dans le grand nombre des candidats, deux ou trois hypocrites qui s'infiltrent dans les yeux deux larmes de crocodile, et se réjouissent au fond de l'âme, et calculent déjà la somme nécessaire pour payer les trente-neuf cabriolets des trente-neuf visites, et préparent les trente-neuf improvisations qui doivent séduire les trente-neuf académiciens. Puis, la candidature du crocodile réussissant, le récipiendaire se remet à pleurer le défunt dans son discours d'ouverture, et se déclare indigne de succéder, lui pygmée, à ce géant, dont la tombe est arrosée des larmes de l'univers.

C'est triste et bouffon à la fois.

Le XVIIe siècle criait à la décadence du goût et regrettait le XVIe ; l'Académie condamnait *le Cid*, au nom d'Aristote ; les quatrains injurieux pleuvaient sur Racine, nommé *vrai suppôt de Lucifer ;* Boileau niait La Fontaine, comparait Molière à Tabarin, et ne lui accordait pas le prix de la comédie. Les plus grands esprits sifflaient *Phèdre*, et *secouaient la tête*, dit Boileau, *aux plus beaux endroits* du *Misanthrope* et des *Femmes savantes*. Décadence partout. Le XVIIIe siècle s'humiliait encore, et appelait son aîné le grand siècle de la littérature. Nous, à notre tour, nous crions à la décadence, et nous sommes encore un petit siècle, en attendant le xx$^e$, qui nous vengera de notre humilité. C'est le cours des choses de ce monde. Vivent les morts! meurent les vivants! cela satisfait les bourgeois qui n'aiment pas coudoyer des supérieurs sur le trottoir.

Toutefois, les optimistes éclairés soutiennent que jamais, à aucune époque, la production littéraire ne fut plus abondante qu'à l'heure d'aujourd'hui. L'ivraie se mêle au bon grain comme toujours, c'est incontestable; mais notre moment littéraire vaut bien celui qui voyait introniser à l'Académie l'auteur de *Ninus II*, l'auteur des *Templiers*, l'auteur d'un quatrain, et l'auteur de rien du tout. Or, le nombre des postulants académiques s'élève et s'élèvera toujours désormais avec une production toujours croissante; et, en dehors des candidatures officielles se superposent les candidatures cénobites, désignées en vain par le public, ce qui prépare à l'avenir un chœur de lamentations plus formidable que jamais. L'Académie s'obstinera toujours dans sa majestueuse routine; elle nommera de petits grands seigneurs, des fils d'académiciens, des avocats de monarchies perdues, des ministres sans portefeuille de lettres, des millionnaires doués d'un cuisinier émérite, et enfin, comme par hasard, un littérateur plus ou moins connu.

Oh! c'est alors que nos oreilles et les oreilles de nos enfants et de nos neveux entendront répéter ce refrain lugubre : *Il n'était pas de l'Académie!* Paul Courier, Lamennais, Béranger, Balzac, que de successeurs déshérités vous allez avoir! Vous n'étiez pas de l'Académie, et vos mânes sont inconsolables! Eh bien! qu'ils se consolent, l'avenir vous prépare de nombreux associés dans l'Élysée classique, à moins qu'un décret ne décapite l'Institut pour cause d'elignement et d'inutilité publique, ou ne triple le chiffre de quarante, comme on fit pour les agents de change et les courtiers.

# LES TYRANS DE L'OPÉRA

Avant tout, je débute par une hardiesse qui me fera bien des ennemis chez mes amis ; la censure dramatique me paraît une bonne institution.

Vu de loin, ce tribunal de l'encre rouge produit l'effet du conseil des Dix ; vu de près, c'est la réunion des sept sages de la Grèce. Les censeurs ont sauvé du naufrage une foule d'œuvres par des avis paternels, et ils n'ont jamais compromis une réussite. Ils connaissent le théâtre et le public mieux qu'un vétéran de coulisses. On leur reproche souvent le mal qu'ils n'ont pas fait, et on ne leur sait jamais gré du bien qu'ils font ; par malheur, quelquefois leur sévérité s'exerce traditionnellement sur des vétilles qui ne sont pas de nature à troubler le repos des familles, la morale religieuse et l'ordre public, et, d'un autre côté, ils laissent le champ libre à des œuvres révolutionnaires, toujours applaudies par les plus féroces conservateurs.

Nos pères avaient embrassé l'amusante religion d'Hésiode ; ils remplaçaient Dieu par les dieux, sous prétexte qu'abondance de bien ne nuit pas. Gluck, Piccini, Lully, Grétry ont obéi au goût païen de leur époque, en mettant en musique toute sa mythologie. C'était innocent au point de vue politique et domestique. Jamais Bruxelles et Paris n'ont songé à faire une révolution en sortant d'*Orphée* et d'*Armide;* jamais un père n'a songé à immoler sa fille en sortant d'*Iphigénie en Aulide*. L'Olympe musical conseillait des mœurs assez lestes, c'est incontestable ; mais Versailles, avec les mondaines déesses de Louis XIV et de Louis XV, donnait un brevet d'innocence aux mœurs de l'opéra olympien.

Tout à coup, les dieux sont partis avec le premier paquebot à vapeur, et les compositeurs ont demandé aux poëtes des *libretti* bourgeoisement historiques et chargés de situations, avec assaisonnement d'*ut dièzes* et de *si bémols*.

Nos vieux musiciens enthousiasmaient nos aïeux avec les airs suivants :

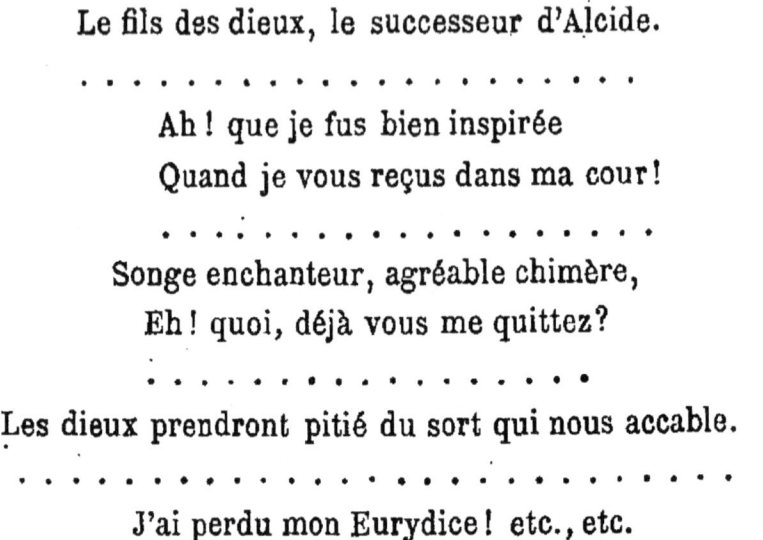

> Le fils des dieux, le successeur d'Alcide.
> . . . . . . . . . . . . . . . . . . . . .
> Ah ! que je fus bien inspirée
> Quand je vous reçus dans ma cour !
> . . . . . . . . . . . . . . . . . . . . .
> Songe enchanteur, agréable chimère,
> Eh ! quoi, déjà vous me quittez ?
> . . . . . . . . . . . . . . . . . . . . .
> Les dieux prendront pitié du sort qui nous accable.
> . . . . . . . . . . . . . . . . . . . . .
> J'ai perdu mon Eurydice ! etc., etc.

Nous sommes plus exigeants aujourd'hui, et nous demandons aux musiciens des catastrophes terrestres inconnues de l'Olympe, des héros de la fable et des dieux.

La censure, qui supprime quatre mots lestes ou jugés combustibles dans un vaudeville, autorise les élans luxurieux ou révolutionnaires qu'une belle musique popularise et rend plus dangereux, sous le rapport de la politique et des mœurs.

Grâce à cette tolérance inexplicable, dont je ne me plains pas, mais que je constate, notre grand Opéra est un mélodieux foyer de révolution et d'érotiques débordements.

Pourquoi le vaudeville, qui ne déqasse pas la rampe, a-t-il été si tourmenté? Pourpuoi l'opéra, qui franchit l'Océan, a-t-il été si libre? *Quel est donc ce mystère?* a demandé cent fois M. Scribe; personne n'a jamais répondu.

En 1829, éclata comme un volcan la *Muette de Portici*. Aux dernières répétitions, la Cassandre du château royal prit l'alarme et fit son rapport à Charles X, le meilleur homme de roi qui ait existé!

Un courtisan plaida contre Cassandre et dit: Il n'y a pas l'ombre du danger, puisque, au cinquième acte, un sous-pêcheur s'exprime ainsi, en parlant de Masaniello:

> Je ne sais quel délire a maîtrisé ses sens....

et on ajoute ensuite cet hémistiche réparateur:

> .... Il en est la victime!

— Oh! cet hémistiche arrange tout! dit le roi; on doit laisser jouer cet opéra: *il en est la victime!*

Terrible leçon!

Et l'opéra fut joué avec un succès dont le fracas

est resté dans mes oreilles comme un coup de tonnerre permanent.

Et, à la première représentation, lorsque cent choristes crient à tue-tête :

> Pêcheur, parle bas,
> Le roi des mers ne t'échappera pas !

la moitié naïve du parterre demanda à l'autre moitié intelligente : *Qu'est-ce que le roi des mers ?* — *C'est Charles X*, répondit cette moitié.

Les *tyrans* étaient malmenés par les duos, les chœurs et l'orchestre dans la *Muette de Portici*; mais, dans *Guillaume Tell*, quelques mois après, les tyrans reçurent le coup de grâce, et on pria le soleil de leur *refuser la lumière de son flambeau*, style de librettiste académicien. Pauvre soleil, qui a besoin d'une bougie de l'étoile pour y voir clair !

On jouait alternativement la *Muette de Portici* et *Guillaume Tell*, et on sortait de l'Opéra, en 1829, la tête pleine de *Mort aux tyrans, guerre aux tyrans, malheur à nos tyrans, anathème aux tyrans!*

Au milieu de cette explosion volcanique déchaînée contre les tyrans, la censure raya, dans un vaudeville, ce passage : — *Monsieur, je suis votre esclave, et vous êtes mon tyran, malheur à vous !*

Pourquoi ? Ah ! demandez aux sphinx de l'Institut.

Le 7 août 1829, Charles X nommait Rossini chevalier de la Légion d'honneur, pour *Guillaume Tell*, et, certes, ce jour-là, l'étoile du mérite eut un rayon de plus. Le 7 août 1830, Louis-Philippe était proclamé roi, et Bruxelles se soulevait en prenant des armes dans l'arsenal de la *Muette de Portici* et de *Guillaume Tell*.

Les périls du vaudeville étaient conjurés. Il y avait compensation.

Un chef-d'œuvre inouï, une merveille que Dieu a dictée à Rossini, dans un moment de loisir, *Moïse*, avait eu seize représentations assez froides, vers la même époque ; on y trouvait bien un tyran, mais égyptien, et noyé à la fin dans la mer Rouge. Aucun peuple n'a une mer à sa disposition pour se défaire d'un tyran. Ce châtiment n'était donc pas une chose pratique. Ainsi, point d'enthousiasme chez les conservateurs volcaniques du deuxième arrondissement. *Moïse* fut exilé pour crime d'innocence.

Parlez-moi de l'opéra de *Gustave* qui vint ensuite ; il y avait là une belle et bonne conspiration révolutionnaire, et un Alibaud aristocrate, qui tuait un roi, d'un coup de pistolet, au milieu d'un bal! Louis-Philippe a vu de près six fois le dénoûment de cet opéra.

Sommes-nous loin d'*Orphée*, d'*Iphigénie*, d'*Alceste*, d'*OEdipe* et d'*Anacréon!* Mais 10,000 francs de recettes. Salle comble! ah!...

Avec l'acte de l'insurrection de *Guillaume Tell*, on jouait la *Révolte au Sérail*. Ainsi révoltes partout à l'Opéra. Les femmes mêmes étaient invitées, par de factieuses pirouettes, à se révolter contre les sultans leurs maris!

Au moment où *Robert-le-Diable* parut, un vaudevilliste fut obligé d'adoucir une scène un peu leste, celle où un jeune commis dit à une lingère : *Nous sommes seuls, et tu seras à moi!* et on permit à cinquante chevaliers croisés, la fleur de la noblesse française, de commettre un attentat, en prenant en masse des actions sur une petite paysanne normande que Robert leur *abandonnait*. Il leur fut encore permis de piper des dés, au passe-dix, pour voler jusqu'à la chemise ce pauvre Robert, en chantant d'un ton narquois : *Nous le tenons!* Puis, ce même Robert fut encore autorisé à endormir toute la chevalerie des croisades, pour s'enfermer dans la chambre à coucher de la princesse Isabelle, et l'obliger à crier trente-cinq fois *grâce*, ne pouvant, lui Robert, consommer l'attentat de Tarquin, à cause du public :

Des chevaliers FRANÇAIS tel est le caractère !

Un vaudevilliste de 1835 avait fait demander à un personnage, dans un restaurant, un plat de *salade de capucin* ; — la censure lui dit : *Choisissez une autre salade* ; et le céleri remplaça le capucin. Au second acte, l'amoureux trompait un mari, le lendemain de ses noces. — C'est trop tôt, dit le censeur, vous seriez sifflé par tous les maris.

Un auteur, dans le drame intitulé *Coligny*, avait fait maudire le balcon où Charles IX s'était posté pour tuer les protestants au vol.

Le censeur, M. Pellissier, homme d'esprit, de goût et d'expérience, lui dit : Mon ami, ce balcon n'existait pas, c'est un fait prouvé par les gravures du temps, et s'il eût existé à cette époque, où la Seine, sans quais, coulait à pleins bords, Charles IX, très-maladroit à l'arquebuse, aurait couru la chance, en tirant sur une mêlée confuse et si éloignée, de tuer les catholiques et de manquer les protestants. Effacez cela.

L'opéra des *Huguenots* parut. Soixante moines, prêtres, puisqu'ils avaient le droit de bénir, bénirent les poignards des assassins, et le massacre se fit avec des arquebuses qui n'étaient pas bénies. C'était bien la peine de bénir des poignards. Voilà pour la salade de capucin.

Au quatrième acte de ces *Huguenots*, un mari fut trompé dans la nuit de ses noces ! Le vaudeville est oublié, mais grâce à une admirable mélodie, faite de notes érotiques, ce merveilleux adultère si précoce sera chanté et applaudi éternellement par toutes les générations des maris catholiques et huguenots.

Enfin, il a été permis à Nourrit de flétrir le balcon absent, avec toute l'indignation d'un ténor, dans ces vers du cinquième acte :

Du haut de son balcon, j'ai vu le roi lui-même
Immoler ses sujets,
Qu'il devait protéger !

Encore un roi avec des Français massacrés par des Français, dans l'intérêt des péripéties dramatiques, des situations et des droits d'auteur. Une autre fois, on fera massacrer des Français par des Siciliens, pendant les vêpres de Palerme. Une autre fois, on fera chanter, dans Charles VII : *Guerre aux tyrans!* à propos des Anglais, qui ne sont, à proprement parler, que des soldats et des ennemis. *Tyran* est le mot de l'Opéra, le mot à effet ; les compositeurs les plus doux, les plus monarchiques, les moins révolutionnaires, prennent ce mot et le font éclater dans une fusée de notes fulminantes, qui rendraient hydrophobe la garde nationale de Monaco.

Ces volcans de mélodie érotique et révolutionnaire ont été autorisés jadis par des censeurs qui voyaient la religion compromise avec une barbe de capucin ; ont été applaudis par des conservateurs qui frissonnaient de peur, comme les soldats de Marcellus, lorsqu'ils voyaient un soliveau d'Archimède se mouvoir sur le camp de l'opposition ; enfin, ils ont été subventionnés par deux rois qui n'aimaient pas la musique et n'allaient jamais à l'Opéra. Ce besoin de faire exécrer les rois à l'Académie royale de musique, a mis les compositeurs dans la nécessité d'infuser du salpêtre dans leurs notes anarchiques, et de demander, pour le larynx des ténors, une chair de métal. Le dictionnaire de médecine s'est alors enrichi ou appauvri d'une maladie nouvelle, la *sibémolie*, inconnue sous le régime hygiénique de Gluck, de Sacchini, de Mozart, de Spontini, de Weber. Les tyrans ont été vengés par le tyrannique *si-bémol*. Nourrit, épuisé par une lutte sublime, est tombé le premier sur la terre de Masaniello ; comptez ensuite le nombre des victimes du monstre ; Paris et la province en ont-ils déchiré de larynx de velours, depuis trente ans! et l'on s'étonne ensuite que les ténors et les *prime donne* exigent des appointements fabuleux. Après quatre ans de *Dieu secourable, des chevaliers de ma patrie,* de duo de la *Juive* et de batailles contre les tyrans, les artistes les plus forts tombent sur l'arène, comme les gladiateurs du Cirque. Autrefois, les belluaires déchaînaient un tigre dans leurs spectacles, et, de nos jours, les compositeurs ont déchaîné le *si-bémol*. Le peuple applaudit; les moribonds saluent leur roi et se retirent à Bougival, avec 10,000 francs de rente et un enrouement perpétuel, qui les condamne à la pantomime jusqu'à leur mort.

Rendons encore une fois justice à nos pères; ils avaient mieux compris le grand drame lyrique, en demandant qu'il fût rempli tout entier du souffle

puissant de l'amour et des extases de la tendresse.
On ne massacrait pas alors, on aimait. Le dieu Éros
était l'adorable tyran qui arrachait des larmes douces,
ou donnait au cœur les ivresses divines. Qu'importe
le nom des amants dans un duo d'amour! Énée et
Didon, Achille et Iphigénie, Orphée et Eurydice, Renaud et Armide ont même bien plus de droits au
chant et à la lyre que des personnages modernes
coiffés de toques, farcis de velours, affligés de noms
barbares, et tous nés dans des pays et dans des palais
où les rois, les reines, les princes, les ducs chantaient
mal ou ne chantaient pas. De fades parfums humains
se dégagent toujours de ce milieu bourgeois où
s'agite le drame lyrique moderne; il lui manque cette
sérénité idéale, cette atmosphère embaumée, ce *bene
olens* de la Vénus aphrodite, née dans les fleurs marines de l'archipel ionien. Nous avons assez de théâtres
où l'homme et la femme, sous prétexte d'observation,
sont exhibés avec les infirmités natives et nauséabondes de notre pauvre espèce; ayons au moins un
temple où l'idéal nous fasse oublier le réel, où la
déesse divinise la femme, où l'ambroisie et le nectar
remplacent le hideux menu de nos cabarets et de nos
abattoirs. L'amour nous paraît bien près de s'exiler

de l'Opéra ; *la Muette de Portici*, *Robert-le-Diable*, le *Prophète* sont des œuvres sans amour ; triste symptôme ! Il est temps de revenir à la religion musicale de nos pères. Déjà on s'alarme en passant devant le grand hôtel de la Paix, si voisin du futur Opéra, en construction. Les pessimistes croient que les cariatides gomorrhéennes de cet hôtel prophétisent le double triomphe de l'amour et de la musique de l'avenir. La vieille Rome avait déjà vu cela, mais sans musique, nous disent Pétrone et Ammien-Marcellin.

# LA VÉRITÉ SUR LA CRÉATION

## GRAVE PLAISANTERIE D'UN LIBRE PENSEUR

Un jour que tout le monde se disputait sur toute chose, et que Dieu même était mis en question et réduit une seconde fois à la qualité d'Être suprême, j'osai intervenir dans le débat, et j'expliquai une foule de mystères, et même la création, avec une effronterie de Titan, jugez.

En ce temps-là, il n'y avait point de temps. L'infini aurait tenu dans un atome. L'univers était dans le néant. La nuit, le jour, le crépuscule, le silence, le bruit, l'air, n'étaient pas venus. Il n'y avait rien dans rien. Le vide même était vide, et la nature ne pouvait pas l'avoir en horreur, parce qu'il n'y avait pas de nature aussi. L'esprit s'épouvante lorsqu'il veut sonder ce formidable RIEN, antérieur à toute création.

Ce néant universel aurait pu s'éterniser, et nul ne peut dire quelle aurait été la physionomie de cette absence de tout. Heureusement, Dieu se fit naître, et l'infini naquit avec lui.

Rien de plus simple.

Tout devenait possible au premier inventeur de la volonté, ce levier moral toujours si puissant, et qui ne connaissait aucun obstacle invincible au début de ses fonctions. Le premier qui a dit : Je veux, a fait ce qu'il a voulu ; il n'avait ni contradicteur ni opposant. Dieu se donna le privilége de cette primauté, et tout lui réussit.

Dans notre siècle de contrôle et d'examen, il est bon d'expliquer ces prétendus mystères, et de les dégager de leur élément surnaturel.

Le domaine de l'infini appartenait donc de droit à Dieu comme premier occupant, *primo occupanti*, et Dieu, armé de sa volonté vierge, résolut de meubler son domaine avec un luxe inouï.

Rien de plus simple encore ; les progrès de la science moderne vont nous aider pour cette démonstration.

Dieu prit de l'oxygène et de l'azote, ces deux éléments inséparables et constitutifs de toute matière féconde, et en tira le germe du premier soleil. Ce qu'il fallut de siècles pour donner à l'embryon igné l'incommensurable circonférence du premier astre, aucun calcul humain ne peut le préciser ; mais si l'on considère que l'ouvrier divin a devant lui l'éternité, le temps consacré à ce travail est bien moins long que celui que consacre un horloger à monter un chronomètre. Or, cette minute étant donnée à la confection du premier soleil, toute la création fut en jeu. Des fusées de soleils éclatèrent jusqu'aux limites des quatre horizons de l'infini, et en cinq minutes de l'horloge de l'éternité, chaque soleil crachant du feu, se donna un cortége de planètes qui se mirent à tourner autour de lui, conformément aux lois de l'attraction.

La vie entra dans l'univers, et nous devons encore ce secret à la science moderne. Que d'erreurs et de préjugés nos aïeux ont subis dans leur système sur la création. Le grand Pascal lui-même a failli se précipiter du haut de la Tour Saint-Jacques, dans un accès de folie, un jour qu'il découvrit son impuissance. C'est que Pascal était mathématicien, et pas autre chose. Il voulait résoudre Dieu comme une proposition d'Euclide ou le problème du carré de l'hypoténuse; vains efforts! Si Pascal eût été chimiste comme Lavoisier, il aurait gardé sa raison intacte dans son cerveau, et facilement expliqué cette création qui lui paraissait inexplicable. Jusqu'à Lavoisier, le monde philosophique a entassé sottises sur sottises. Le célèbre chimiste a prononcé son *fiat lux*, en 1790, avec sa merveilleuse théorie sur la phlogistique et l'air vital. Grâce à Lavoisier, nous savons aujourd'hui comment la respiration a été donnée à l'homme, aux premiers jours de la création.

Ainsi tout s'explique ; ainsi tombent un à un tous les voiles qui nous cachent la vérité ; encore un pas de la science, et nous verrons clair partout. Admirons le progrès accompli déjà. Nos pères n'admettaient que sept planètes dans notre système solaire ; nous en comptons soixante-douze aujourd'hui, y compris les invisibles. Soixante-douze planètes! et Dieu sait ce qu'Uranus nous cache encore dans son tourbillon! M. Leverrier, cet illustre planétaire, affirme que nous arriverons à la centaine ; Dieu le veuille! Ce jour-là, nos fortunés neveux n'auront plus rien à demander au ciel et au gouvernement.

Remontons là-haut, *in excelsis*.

C'est ainsi que la vie de Dieu s'écoulait dans ces occupations graves, à l'aide de la science dont il connaissait les premiers éléments.

Un jour il daigna jeter les yeux sur une grosse boule ignée, qui tournait autour de notre soleil avec un mouvement de rotation assez gauche, et Dieu dit :

« Tu seras habitée par des hommes, toi, et on te nommera *Terre*, et tu auras la gloire de donner naissance à des savants qui éclairciront tous les mystères du l'univers, et qui m'expliqueront, moi, à l'aide d'une preuve algébrique, combinée avec la science de MM. Biot et Gay-Lussac. »

Cela dit et décrété, Dieu ordonna au temps d'accélérer sa marche, et il fit avancer d'un milliard de siècles l'horloge de l'éternité.

Il fallait ce laps pour donner à notre terre le temps de passer de l'état de tison à l'état d'argile froide. Rien encore de plus simple que ce petit travail de mutation. La masse spongieuse qui cercle la circonférence du globe, se détache, se déroule en anneau, se condense, se concrète, s'arrondit et se fait lune. L'oxygène, qui est en combustion sur soixante-douze mille lieues de contour, quatre fois la circonférence actuelle, amasse les vapeurs dans les régions supérieures ; ces vapeurs se résolvent en pluie ; la pluie lutte en tombant avec le feu, comme fait le Scamandre avec Vulcain, dans l'*Iliade*, et, après cinq cents petits siècles, la moitié de la terre est éteinte par les pluies, et les vagues de l'océan envahissent l'autre moitié.

Rien d'étonnant dans cette confection. Le premier physicien peut arriver au même résultat, dans son laboratoire, avec de l'oxygène et de l'hydrogène combinés, sur la circonférence d'une boule d'argile ou de pouzzolane, avec une température de quatre-vingts degrés au-dessus de zéro. La température opposée, celle qui règne dans les régions interplanétaires, est de quatre-vingts degrés au-dessous. L'atmosphère de la vie et l'atmosphère de la mort.

Gloire à la science dont le flambeau éclaire les arcanes autrefois si sombres de la création !

Toutefois, l'air vital infusé sur notre globe à la puissance de quatre-vingt-dix degrés, devait faire éclore une création gigantesque, de même qu'à l'échelle opposée, un atome de fromage exposé au soleil ardent donne une naissance spontanée à d'horribles insectes, visibles seulement au microscope solaire. Alors, Dieu se donna le plus merveilleux des spectacles, et il était seul à le contempler. Des monstres qui, plus tard, devaient servir de modèles à Satan pour sa ménagerie de l'enfer, les sauriens amphibies, les serpents gigantesques, les énormes lézards volants, les poissons-tigres, envahirent les mers et les terres chaudes, et se livrèrent une bataille de cinq cents siècles, bataille qui, par malheur, déposa dans les entrailles de notre planète un germe belliqueux dont le genre humain goûtera éternellement les fruits.

Dieu, toujours répulsif à l'emploi des moyens surnaturels, fit terminer cette bataille par les simples procédés de la physique. Bien avant les belles expériences faites à Londres par l'illustre chimiste Priestley, Dieu savait que l'oxygène latent et comprimé faisait avec acharnement un travail souterrain pour reparaître à la surface. C'est la lumière qui veut secouer elle-même le boisseau, quand même le couvercle aurait la haute pression de l'Etna, de la cordilière de Quito ou de la montagne javanaise Mara-Api.

Dieu profita de cette bonne disposition de la matière ignée pour la faire intervenir dans la bataille des grands monstres sauriens. Il cria : *Feu partout!* et cent mille volcans éclatèrent à la fois sur la croûte du globe.... Auprès de ce vacarme, qui fit trembler le soleil, le duo de Solférino et de Sébastopol est un point d'orgue mélodique chanté par les sœurs Marchisio. L'armée des géants monstrueux répondit à l'unisson. Le globe entier devint un champ de bataille emporté dans l'espace, et sillonnant le vide avec des cataractes de feu, recueillies au passage par des comètes vagabondes, ces pourvoyeuses des chantiers de l'infini. Les monstres, réunis contre l'ennemi commun, se ruaient en masse sur les volcans pour les éteindre ; et les volcans les engloutissaient dans leurs abîmes et les rejetaient en squelettes noircis, pour les ressaisir encore et les replonger dans des reliquaires de granit, où les siècles futurs les retrouveront. Dieu se donna la joie égoïste de cette fête, qui dura mille révolutions autour du soleil, et il dit aux volcans : Votre œuvre est accomplie, éteignez-vous à la surface ; rentrez sous terre, et précipitez vos feux vers son axe central.

Un grand et long silence se fit, et, après mille siècles encore, il fut troublé par le murmure de la première fougère éclose au souffle du matin. C'était le premier joyau de la terre habitable. Encore un millier de minutes séculaires, et l'homme allait venir dans sa maison ; Dieu s'occupait du mobilier.

Admirez comme tout cela est simple, naturel, conforme à toutes les lois de la physique, de la géologie et de l'anatomie comparée de M. Cuvier! Prenons des exemples dans un ordre bien inférieur : la Sicile a été un immense volcan, une île en combustion ; voyez ce qu'elle a produit : le plus fécond et le plus beau jardin du monde. Le feu et la cendre ont été l'engrais des fleurs et des moissons. Les laboureurs, ces physiciens de la nature, connaissaient cela au temps des *Géorgiques*. Virgile, célèbre agriculteur, affirme qu'il est utile de se servir du feu pour féconder la terre, et veut qu'on incendie les champs stériles pour les changer en jardins nourriciers :

*Sæpe etiam steriles incendere profuit agros.*

Plus loin il recommande de *brûler les buissons*, « *incendere vepres*, » afin de donner aux sillons l'engrais de leur cendre. Ce que l'agriculteur de Mantoue faisait pour son arpent de terre, Dieu l'a fait en grand pour le globe entier. Jamais de prodige, jamais de miracle ; rien de surnaturel. Tout le monde en aurait fait autant avec un traité de M. Biot. Loin de moi la pensée de vouloir amoindrir l'importance de l'œuvre de Dieu ; je la reconnais très-grande, et je m'incline devant elle ; mais tout en m'inclinant, j'ose affirmer, en vertu du libre examen, que Dieu ne s'est jamais écarté des règles primordiales de la nature, *natura mater rerum*, comme dit un ancien, et que si le grand ouvrier a des droits à notre admiration, il n'en a point à notre étonnement. La science moderne a effacé le mot *miracle* de son dictionnaire portatif. L'énigme du monde a dit son mot ; le sphinx a parlé. Nous respirons enfin ! Il était temps !

La création du premier homme a passé pour un mystère insoluble dans les siècles de l'ignorance. Pascal lui-même, quoique plein de foi dans le premier chapitre de la Genèse, s'est brisé la tête contre le pommier de l'Éden. Un service encore rendu par la science : l'analyse démontre que la chair de l'homme est de la même essence que la croûte terrestre. J'en suis bien fâché, non pas pour mon sexe, mais pour les femmes ; leur peau de satin et le vil gravier ont la même origine.

Elle a bien raison la voix du mercredi cinéraire, lorsqu'elle dit : *Pulvis est in pulverem.* Cette belle dé-

couverte chimique enlève son mystère à la création
de l'homme. Nous sommes tous des produits de la
terre, comme les arbres, les plantes et les fleurs. Sans
doute, une vie plus complète nous a été donnée à
nous; c'était juste et mérité, puisque nous sommes
les rois de la création. Dieu nous devait cela. Les
arbres, les plantes, les fleurs vivent d'une vie morte,
mais ils vivent; nous vivons, nous, d'une vie intelligente. Les animaux ont un instinct; nous avons la
raison, et une âme qui est l'étincelle venue du foyer
de l'électricité universelle. Nous voilà fixés même sur
l'âme, cette chose immatérielle que tous les docteurs
en Sorbonne n'ont jamais expliquée dans leurs syl-
logismes *in barbara*.

La voûte que Dieu a donnée à la terre pour amuser
les nuits de l'homme laisse beaucoup à désirer; mais,
telle qu'elle est, elle a un certain mérite encore.
Toutefois, Orion et la Grande-Ourse méritent des
éloges sans restriction; il est à regretter que les autres constellations n'aient pas l'éclat et la grandeur
de ces deux chefs-d'œuvre étoilés. Y a-t-il eu impuissance ou dédain de la symétrie? c'est ce qu'on ne
saurait dire.

Notre impartialité nous faisait un devoir d'introduire un mot de juste critique dans cet éloge de la création ; nous avons obéi à notre devoir. On doit toujours la vérité aux grands. Aujourd'hui, nous nous bornons à juger l'œuvre de Dieu dans son ensemble, en laissant deviner aux moins intelligents la pensée qui a conduit notre plume. Il était peut-être temps d'aborder avec hardiesse un sujet réputé formidable, et de rendre à la science ce qui est à la science, et à Dieu ce qui est à Dieu. Il ne doit plus y avoir de questions brûlantes aujourd'hui ; il y a des questions. Dieu, si haut placé qu'il soit, doit être soumis à l'examen de l'homme : tant pis pour les consciences troublées et pusillanimes qui réclament le bénéfice de la prescription ! La philosophie ne connaît pas ce mot de basoche.

Dieu est un auteur qui livre son ouvrage au public ; nous voulons le juger, non plus avec les vieux errements de la scolastique, mais avec les lumières nouvelles de la saine raison. Le surnaturel a fait son temps : notre compas a mesuré l'infini à l'aide des logarithmes ; nous faisons litière des planètes ; nous touchons du doigt l'étoile Wéga, dont la lumière met douze ans pour venir à nous ; la voie lactée est notre voie de promenade ; nous jouons avec la *massue nébuleuse* d'Orion ; nous plaisantons avec les comètes ; nous destituons le soleil ; nous le remplaçons par des amas de nuages phosphorescents, et certes, il nous est permis d'avoir le légitime orgueil de réformer les antiques théories de la foi aveugle, et d'en trouver de nouvelles avec les cent yeux de l'examen.

# UN PROGRÈS

Le 29 mai 1453, Mahomet II donne le dernier assaut à Constantinople; ils étaient deux cent mille mécréants contre une garnison de huit mille chrétiens, commandés par l'héroïque et dernier empereur Constantin Dragosès. L'Europe chrétienne laissa faire et ne se croisa pas. La ville du grand Constantin tomba au pouvoir de Mahomet; le croissant fit tomber la croix sur le dôme de Sainte-Sophie. Allah remplaça Dieu.

L'armée mahométane traînait à sa suite, selon l'usage arabe ou nomade, une armée de chiens : il y en avait de toute taille, de tout poil, de toute couleur, de tout naturel; les races s'étaient croisées et recroisées à l'infini. Le fracas de la bataille et la coulevrine de l'ingénieur Obin d'Andrinople épouvantèrent ces braves chiens, et le 30 mai 1453, ils se précipitèrent à la nage dans le golfe profond de Chrysocéras et gagnèrent cette calme et belle prairie, arrosée par les *eaux douces*, où Achmet III devait plus tard élever un palais, en 1709, je crois.

L'endroit était alors désert. Les chiens y fondèrent une colonie pour vivre dans le calme, loin de la couleuvrine d'Obin! Le gibier était abondant aux environs, dans les forêts de chênes et de sycomores qui s'étendaient des *eaux douces* aux rives du Bosphore. Ce fut l'âge d'or des chiens.

Un siècle de consommation et de faim canine amena la disette. Les daims, les gazelles, les lièvres, les perdrix, les cailles disparurent sur les terres de la colonie de Cynopolis, et sous le règne de Soliman-le-Magnifique, vers l'an 1540, les chiens remontèrent vers Constantinople pour demander du pain à leurs amis, les hommes.

Les Turcs nous traitaient alors de *chiens de chrétiens*, et cependant ils avaient et ils ont encore une grande vénération pour les chiens. Expliquez cela, si vous le pouvez. Ils accueillirent donc fort bien l'émigration des *eaux douces* et donnèrent une hospitalité arabe à ces infortunés animaux.

Selon leur usage, les chiens s'étaient présentés avec un air d'humilité touchante; mais dès que les Turcs leur eurent laissé prendre un pied chez eux, ils en eurent bientôt pris quatre et se posèrent en conquérants du domaine du grand Constantin. Ils envahirent non-seulement Constantinople proprement dite, mais ils inondèrent Galata et les pentes abruptes de Péra; les plus hardis traversèrent le Bosphore à la nage et vinrent se domicilier à Scutari, sur la côte d'Asie, pour se donner le plaisir de la chasse dans des forêts vierges.

Si les abeilles ont créé une forme de gouvernement et des lois administratives, chose incontestable, doit-on s'étonner si des chiens, à leur tour, ont régularisé leur colonisation constantinopolitaine avec la même intelligence que les Anglais ont montrée dans l'Inde après la conquête du Mysore par lord Cornwallis en 1799? Je soupçonne même les Anglais d'avoir copié les plans dressés par les chiens du Bosphore.

Les chiens divisèrent le domaine de Constantin en quartiers ou présidences. Ils choisirent la place de Sainte-Sophie, l'Hippodrome, l'esplanade de la mosquée de Soliman-le-Magnifique et toutes les avenues qui conduisent au pont de Galata. Le faubourg de Péra fut divisé par eux en sections, depuis la tour jusqu'aux hauteurs du cimetière. La rive du Bosphore leur fut acquise jusqu'à Térapia et à l'arbre de Godefroy de Bouillon. Tout ayant été réglé, divisé, cadastré, les conquérants soumirent les Turcs et les étrangers à une taxe quotidienne, payable en comestibles matin et soir. Ils se réservèrent le droit de vivre à leur guise, de troubler le repos des nuits, d'aboyer à la lune de Mahomet, de dévorer les passants, de jouir enfin des avantages de la liberté illimitée. Les Turcs répondirent en langue franque : *Bono, bono*, et ils acceptèrent toutes ces propositions.

Quatre chiens, quatre colosses venus de Laconie, appartenant à la suite de Mahomet II, ne s'étaient pas effrayés de la coulevrine d'Obin et avaient suivi le vainqueur sur le parvis de Sainte-Sophie. Ce quatuor fit élection de domicile devant la fontaine et créa une souche de molosses qui avaient la conscience de leur noble origine ; on essaya d'incorporer les descendants des chiens de Mahomet II dans les cadres de l'armée conquérante, mais les offres furent rejetées avec des grincements de dents canines. Une nuit, ces nobles molosses furent étranglés. Les gardiens de la mosquée d'*Aia-Sofia* gémirent de cet attentat nocturne, mais pas un d'eux n'eût le courage de dénoncer le crime au muphti, tant était grande la terreur inspirée par la domination des chiens.

L'audace de ces conquérants quadrupèdes s'accrut avec les années. Leur tyrannie devint un droit, et Mahmoud, le destructeur des janissaires, a toujours reculé devant une Saint-Barthélemy de chiens. En vain les consuls et les ambassadeurs adressaient-ils des réclamations à la police de Stamboul, on leur répondait que ces animaux étaient sous la protection du Prophète, ce qui excitait un rire fou dans le corps diplomatique, payé pour être grave, et les heureux chiens continuaient à dévorer les voyageurs à la barbe du Prophète.

Si cette corporation de chiens eût conservé cette homogénéité qui la rendait si redoutable encore sous le règne d'Achmet III, la question d'Orient aurait peut-être offert une complication nouvelle en 1853. Il aurait fallu compter avec cette armée innombrable, qui pouvait au besoin, se faire une ressource défensive avec l'hydrophobie et protéger Constantinople non-seulement contre les Russes, mais contre les

Anglais et les Français. Heureusement pour l'Europe, ce grand corps se démembra. Les petites ambitions de minarets éclatèrent, l'hostilité se déclara sur les frontières des quartiers; on commença par des aboiements, on finit par des jeux de mâchoires. Chaque coin de Stamboul proclama son indépendance et déchira le traité de confédération. Heureusement pour eux, les Anglais dans l'Inde ne commettront pas cette sottise et ne prendront, comme ils l'ont fait jusqu'ici, que le bon côté du plan primitif organisé par la race canine de Stamboul. Ainsi les fautes des uns servent à éclairer les autres. La force sera toujours dans l'union, comme dit une devise des pièces de cinq francs.

Autrefois, lorsqu'un chien, établi de père en fils devant la mosquée des cinq minarets, allait se promener devant l'obélisque de l'Hippodrome, il était parfaitement reçu; on le traitait en frère; on lui servait quelques rogatons tombés de la pointe du sérail. C'était un voyageur, un amoureux de l'inconnu, un observateur allant étudier les chiens et les choses loin du chenil natal. On admirait son courage; on lui donnait au besoin aide et appui. Tout à coup la confédération se brise, et le voyageur philosophe qui vient étudier les mœurs des voisins est traité comme un vil espion et massacré sans jugement.

La décadence morale amène la décadence physique. Le chien de Constantinople avait des allures superbes; il se balançait fièrement sur ses quatre jarrets d'acier; il portait une robe de moire éclatante; son œil rayonnait d'intelligence, ses narines frissonnaient au vent. Il aboyait comme une basse chantante dans le trio de *Guillaume Tell;* le premier chien de l'Éden, le chien d'Adam, n'était pas plus artiste et plus beau.

Allez reconnaître ce type dans le chien dégénéré de Stamboul; d'abord, il ressemble à tout, excepté à un chien, tant la race a abusé du croisement irréfléchi! son œil est éteint; sa robe est un épiderme de parchemin; ses oreilles mortes permettent à l'araignée d'y filer sa toile; sa queue est réduite au tronçon; il a perdu la gamme de l'aboiement laconique; il n'ose hurler que la nuit, quand il n'y a pas de témoins, et il hurle faux. On continue à lui donner le nom de chien, parce que les académiciens lui cherchent un autre vocable depuis Bajazet, et ne l'ont pas encore trouvé.

En attendant, lui se croit toujours chien, et il revendique tous les priviléges de son état; il demande sa nourriture anx Turcs de son quartier; il trouble le repos des voisins; il dort vingt heures par jour; il empêche les passants de passer, et il donne des terreurs mortelles aux étrangers qui cherchent leur domicile dans les ténèbres de la nuit.

Que d'histoires sinistres on pourrait raconter sur le chien de Constantinople; j'en citerai une pour donner une idée des autres. Il y a malheureusement dans celle-ci, comme dans les drames de Shakspeare, un côté comique sur un fond de tragédie.

Alexandre Boissin, fils d'un chimiste très-connu à Marseille, était venu fonder une maison de commerce à Constantinople. Il demeurait à Péra, non loin du couvent où les Français vont rendre une visite à la tombe de l'illustre pacha de Bonneval, leur compatriote.

Le commerce de Boissin marchait fort bien, et un mariage, contracté sous d'heureux auspices, allait bientôt donner plus d'éclat à sa maison. Il était à la veille d'épouser une jeune Grecque fort riche, établie à Galata.

A cette époque florissait à Marseille un instrument à peu près inconnu aujourd'hui, la guitare. Le luthier Lippi a fait une immense fortune en vendant des guitares sur le port; non-seulement chaque jeune homme en état de porter les armes possédait une guitare, mais tous les capitaines marchands, en partance pour les deux Indes, achetaient chez Lippi des cargaisons de ces instruments et les répandaient dans les deux hémisphères. La civilisation maritime doit beaucoup à la guitare; les sauvages de l'île Formose en ont pincé, dit le capitaine Giniez, et ils ont renoncé à l'anthropophagie.

Les romances :

> Portrait charmant, portrait de mon amie.
> . . . . . . . . . . . . . . . . . . . . . .
> Rien, tendre amour, ne résiste à tes armes.
> . . . . . . . . . . . . . . . . . . . . . .
> Fleuve du Tage,
> Je fuis tes bords heureux.

etc., etc., etc., se chantaient avec accompagnement de guitare sur les promenades de Marseille, de minuit à quatre heures du matin, avec la protection de la police. Il y avait toujours, çà et là, des fenêtres ouvertes comme de grandes oreilles pour écouter ces chants des derniers troubadours.

C'est vers 1828 que la guitare disparut du sol de la France, témoin ces vers d'une satire célèbre :

> La Restauration vit fuir à son déclin
> Le dernier guitariste et le dernier carlin.

Ces deux espèces disparurent à la même époque.

Alexandre Boissin avait résolu de naturaliser la guitare à Constantinople, malgré la police intolérante des chiens.

Un soir, il se déguisa en troubadour : toque à plume, caraco de velours bleu de ciel à crevés, pantalons collants de casimir jaune à côtes, bottes molles et évasées, guitare en bandoulière. Il y avait déjà de quoi exaspérer tous les chiens galatois, qui devaient regarder ce costume comme la parodie du vénérable costume turc.

Arrivé devant le balcon de la jeune Grecque sa fiancée, il préluda par quelques *crins-crins* aigres, et, pour rendre hommage à la loquacité orientale, il crut devoir choisir dans son répertoire de troubadour, la célèbre romance du *Calife de Bagdad*, de Boïeldieu :

> Ma Zétulbé, viens régner sur mon âme,
> Viens embellir, égayer mon destin,
> Si tes beaux yeux ont commandé ma flamme,
> Par tes vertus termine mon chagrin.

Les librettistes ont fait de plus grands progrès en

poésie depuis cette époque. On appelait alors ce jargon d'opéra *style naturel*. M. Fay, haute-contre célèbre et père de Léontine, faisait recette à Marseille en chantant *Zétulbé*; la tradition dit même qu'il arrivait au succès de larmes lorsque, courbé sur sa guitare, il dandinait son torse en suppliant Zétulbé de *terminer son chagrin par ses vertus*. Heureux temps!

Alexandre Boissin, pour son malheur, avait pris des leçons de M. Fay; il se dandinait même beaucoup trop, ce qui imprimait aux crins-crins toutes les notes aigres qui agacent les nerfs de tous les désintéressés. Cet accompagnement de vitre sciée ne permettait pas au troubadour Boissin d'entendre une gamme sourde qui rugissait derrière lui. C'était un énorme chien hideux, père de famille et chef du quartier de Galata, qui n'avait jamais vu de troubadour, n'avait jamais entendu de romances françaises, et qui redoutait les guitares comme le lion redoute les contre-basses. Toutefois, rendons justice à ce cerbère de Galata, il accompagna longtemps l'accompagnement de *Zétulbé*, comme pour donner un avertissement salutaire au jeune et imprudent troubadour.

Boissin était tout à son devoir et poursuivait son nocturne avec la satisfaction qu'un artiste se donne d'abord à lui-même sans prendre souci de l'auditoire. Un accès d'enthousiasme lui fit exagérer un *crescendo* final avec tant de verve aiguë, qu'il entendit enfin à ses côtés le même concert de gosiers hydrophobes, qui frappa les oreilles de la mère d'Athalie lorsqu'elle fut dévorée par des chiens, amis de l'homme. La reine Jézabel jouait de la guitare probablement. A ces cris fauves, Boissin se retourna et vit une meute de monstres sans nom accourant vers lui. Il crut d'abord pouvoir parlementer avec ces quadrupèdes comme on fait avec les chiens ordinaires, mais il vit bientôt qu'il fallait combattre ou fuir. N'ayant d'autre arme que sa guitare, il en appliqua un coup vigoureux sur le premier mufle à portée de sa main. Ce fut le signal d'une attaque générale. Le pauvre troubadour disparut sous une avalanche de parchemins galeux, de pattes osseuses, de mufles écumants. Il ne resta qu'une guitare sur la place du concert.

Cette affaire eut des suites.

M. Boissin père adressa une plainte à M. de Rivière, notre ambassadeur à Constantinople, qui déféra cette plainte au ministre de Sa Hautesse. Ce dernier crime, commis par de prétendus chiens, en fit exhumer bien d'autres. M. de Rivière exhiba un dossier et prouva que cinq Français avaient subi le sort de Jézabel et de Boissin en peu d'années, et qu'il fallait mettre un terme à ces événements tragiques. Le ministre turc répondit en ces termes : « Les chiens sont sous la protection du Prophète ; ils sont sacrés. Les Français sont légers et frivoles, et ils aiment à se promener la nuit et troubler le sommeil des fidèles croyants. Le devoir des chrétiens est de dormir la nuit ; le devoir de nos chiens est de veiller. Que chacun fasse son devoir et personne ne sera dévoré. J'ai dit. »

Et il tourna le dos à M. de Rivière, en ajoutant en langue franque : *Ti sabir arleri, è darnagas vaï mousé dê bous.* Ce qui signifie à peu près : *Tu es un niais et un sansonnet, va demander du lait à des boucs.* C'est le *mulgeat hircos* de Virgile, transporté sur le Bosphore de Thrace. M. de Rivière en référa au ministre des affaires étrangères, qui répondit : *Ne compliquons pas davantage la question d'Orient.*

La peste, proprement dite, et la peste des chiens désolaient donc quelquefois ensemble cette magnifique ville de Constantin. Un artiste voyageur, arrivé par les Dardanelles et debout sur l'avant du paquebot, préparait toutes ses forces pour subir les émotions que donne Constantinople à celui qui la visite la première fois. Non, rien de plus beau n'a ravi les yeux de l'homme. C'est tout un monde qui se lève sur les eaux et monte aux nues avec des forêts de minarets et de verdure. Partout une association luxuriante de dômes, de sycomores, de cyprès, de chênes, de kiosques, de palais, de villas, un immense tableau éclairé par le soleil d'Orient et baigné dans l'azur de l'infini.

C'est un mirage splendide; débarquez, il s'évanouit.

Voilà des rues étroites, infectes, tortueuses; des maisons inhabitables; des mosquées de plâtre; des palais croulants; des quartiers lépreux, un peuple en guenilles, et partout des meutes de chiens hideux qui feraient fuir l'Éden, si Dieu nous le rendait avec cette population.

Heureusement l'esprit rénovateur, qui souffle partout, commence à rider les eaux du Bosphore et va changer la face de la ville de Constantin.

Les chiens s'en vont! c'est déjà un progrès énorme; c'est le premier éclair de la civilisation. « Les dieux s'en vont! » avait dit Constantin-le-Grand.

La France est à la tête de tous les progrès; c'est à la France que Constantinople devra son émancipation à l'endroit des chiens. Nous allons le démontrer.

Notez d'abord cette coïncidence de dates, 29 mai 1453 et 29 mai 1853! c'est effrayant! Les chiens arrivent avec Mahomet II devant Constantinople, le 29 mai 1453. Quatre siècles après, jour pour jour, le 29 mai 1853, le 1ᵉʳ régiment de zouaves vint se promener à Constantinople.

Le zouave est un soldat de création nouvelle; Alexandre, César, Annibal, Napoléon, Frédéric II n'ont pas connu le zouave. C'est un produit africain cultivé par le génie belliqueux de la France; c'est le lion enrégimenté sous un numéro. Il a inventé une manière de se battre qui déconcerte les plus braves; il craint tellement la mort, qu'il se hâte de tuer tout de suite son ennemi pour ne pas être tué par lui. Tout lui est bon lorsqu'il s'agit de saisir au vol cet avantage de primauté; il se fait un chemin sur un roc à pic; il escalade un précipice, descend au fond d'un gouffre; il se change en chèvre, en aigle, en serpent; il vole ou rampe; il fauche un bataillon et coupe les pieds de ceux qui ne songent qu'à défendre leurs têtes; il arrache la mèche aux mains des artilleurs; il éteint les batteries au moment où elles vont éclater; et tous ces exploits, il les accomplit avec une gaieté folle, comme s'il s'agissait d'un jeu dont le champ de bataille serait le tapis vert.

A cause de ces qualités exceptionnelles, on accorde au zouave certaines privautés qui ne lui font pas de jaloux. Il a des permissions de dix heures assez fréquentes; il est quelquefois en retard après la retraite battue; il se lance dans les écoles buissonnières; il est friand des aventures nocturnes, surtout en pays étranger.

En traversant Constantinople, les zouaves s'attardèrent le premier soir dans les divers quartiers de la ville. Les ténèbres couvraient les rues tortueuses, et il était difficile de trouver le chemin de la caserne en l'absence des réverbères à l'huile ou des becs de gaz. Les zouaves se répandirent en malédictions contre les Turcs et entonnèrent une foule de refrains que les Parisiens leur avaient appris.

Tous les monstres des chenils publics se réveillèrent en sursaut, en exécutant un concert dont aucune musique d'avenir ne pourrait donner une idée aux plus sourds. A Constantinople, à Galata, à Péra, les zouaves faillirent avoir peur; mais quelques-uns d'entre eux ayant reçu des morsures, la bataille s'engagea partout avec une furie infernale. Les familles turques, blotties dans leurs masures, ne sachant à quelle cause attribuer ce cataclysme inouï, murmuraient à voix basse les vers de Victor Hugo, traduits en turc par M. Garcin de Tassy :

> C'est l'essaim des djinns qui passe, etc.

et ils ajoutaient comme vœu :

> Prophète, si ta main me sauve
> De ces impurs démons des soirs,
> J'irai prosterner mon front chauve
> Devant tes sacrés encensoirs.

A la fin, les sabres et l'intelligence devaient triompher des mâchoires édentées et de la bêtise canine; nos zouaves restèrent partout maîtres du champ de bataille; tous les faux chiens furent exterminés partout, et le Bosphore rapide emporta leurs dépouilles à la mer Noire. Ce fut, pour Constantinople, une nuit de purification.

Il faut donc quatre siècles et un hasard pour accomplir un progrès. L'homme est un être pétri d'impatience; il veut, dans son petit quart d'heure de pèlerinage terrestre, jouir de tout le progrès que mille siècles sont chargés d'élaborer graduellement par une volonté divine, douée d'une préexistence éternelle. Il est fort pressé, l'homme, et l'éternité fait son affaire avec lenteur et se soucie fort peu de nos impatiences enfantines. Le progrès d'ailleurs se borne à peu de chose ; son programme rigoureux, conforme à l'exiguïté de nos besoins, tiendrait sur une feuille de papier. Si une génération obtenait tout le programme pour elle, que resterait-il à demander aux cent mille générations qui doivent suivre la nôtre ? Il faut toujours qu'un siècle demande quelque chose ; s'il n'avait pas de désirs, il aurait des ennuis. Un hasard intelligent, c'est-à-dire providentiel, a bien voulu une fois nous éclairer sur la lenteur des lois du progrès. Il a pris quatre siècles, dans l'histoire de Constantinople, et quatre chiffres, 1453 et 1853, et il a semblé nous dire : Voilà la période de temps que demande une simple amélioration. Ce fait vous sera instructif.

# LES AYGALADES

Ce nom d'origine latine, *aquæ latæ*, annonçait autrefois qu'une oasis pleine d'eau et d'ombrages faisait contraste avec les terrains nus et la poussière blanche, fléau du voyageur qui descendait de la *Visto* à Marseille. Aujourd'hui le chemin de fer et le canal de la Durance ont anéanti la poussière et fait éclore des oasis partout. On arrive aux Aygalades par une route de fleurs. Les lamentations du touriste, comme celles de Jérémie, ne sont plus qu'un souvenir dans notre Marseille religieuse; la prière qui demande à Dieu de *renouveler la face de la terre* a été si longtemps psalmodiée aux vêpres, *renovabis faciem terræ*, que le vœu a été enfin exaucé. La poudreuse jachère est devenue un beau jardin.

Dans cette révolution géologique, les Aygalades ont beaucoup perdu ; la fortune des voisins a diminué la valeur de l'antique oasis si chère aux Romains de l'époque césarienne. Villars, le vainqueur de Denain, fondateur du château, ne serait plus fier aujourd'hui de ce coin de terre, *angulus terræ*, qu'il préférait à Versailles ; les eaux se sont étendues jusqu'à l'horizon, et les cataractes de la Durance pleuvent dans la mer.

Un jour d'école buissonnière, je fus poussé par une curiosité enfantine vers les limites de l'oasis des Aygalades ; le portail de fer, ouvert à deux battants, semblait me dire : Entre. Je cédai à l'invitation.

En remontant une longue avenue de beaux arbres, j'arrivai sur la terrasse du château, et le paysage qui s'offrit à moi réjouit tous mes instincts de voyageur en herbe. Les cascades, les ruisseaux, les fontaines, les grands bassins d'eaux vives mêlaient leur fraîcheur et leurs murmures à l'ombre des arbres et au chant des oiseaux ; et des hauteurs du perron le regard arrivait à la mer qui remplissait l'horizon.

Il y avait à la gauche du château un petit sentier, une colline, un massif de pins, et un bouquet de ces maigres oliviers qui donnent une huile si bonne. Je me dirigeai de ce côté au hasard, et je m'arrêtai tout à coup en voyant à dix pas de moi un homme d'âge mûr tenant une serpette et émondant un olivier.

Le visage de cet homme me frappa. Je me souviens parfaitement de son costume ; il était coiffé d'une casquette verte, et habillé d'une *faquine* de couleur brune qui descendait à ses talons, se croisait sur la poitrine et laissait voir un fragment de jabot fixé par une épingle jaune. C'est sans doute, pensai-je, le propriétaire du château.

J'étais curieux de savoir son nom, et je le demandai à un jardinier qui passait à côté de moi, un arrosoir à la main.

—*Ès moussu Barras;* c'est M. Barras, me répondit-il ; il a été le roi de la République, et aujourd'hui il s'est fait paysan.

Ce nom de Barras arrivait pour la première fois à mes oreilles ; mais comme j'avais toujours entendu mon père dire beaucoup de mal de la République, je ne pus retenir un mouvement d'effroi.

— Oh ! me dit le jardinier pour me rassurer ; celui-là n'a jamais fait de mal, comme Mourraille ; c'est un patriote comme Carteaut ; un bon diable. Il faisait peur, voilà tout.

— Et pourquoi M. Barras est-il aux Aygalades ? demandai-je, en accompagnant le jardinier dans la prairie qui s'étend sous le haut perron du château.

— C'est Bonaparte qui l'a envoyé ici pour lui faire changer d'air, répondit le paysan avec un sourire narquois.

En ce moment, plusieurs personnes se montrèrent sur le perron et s'approchèrent d'une espèce de télescope placé sur pivot et tourné du côté de la mer.

C'était ma première leçon d'histoire donnée par mon premier professeur; je tenais donc à m'instruire davantage et à poursuivre l'entretien en provençal, la seule langue de ce beau temps.

— Ces messieurs, dis-je au jardinier en montrant la balustrade, sont des amis de M. Barras ?

— Ce sont des gens de sa maison, me dit-il, et de braves gens.... Tiens.... vois-tu ce monsieur qui a un habit gris et un chapeau blanc ?

— Oui.

— C'est M. Montgeron, le chasseur de M. Barras.... Voilà sa femme qui arrive en riant.... Elle est jolie comme un soleil.... Cet autre monsieur qui a une veste rayée comme un *fanfre*, c'est M. Courtot, l'homme d'affaires.... Ce grand, qui n'a pas de chapeau, c'est M. Joseph ; il est chargé de garder l'argenterie... Ce petit brun, trapu, c'est un marin.... Je ne sais pas ce qu'il fait, celui-là.... on l'appelle Charabot.... Je ne le vois pas souvent ici.

— Et que regardent-ils tous, l'un après l'autre, avec ce porte-vue ?

— Ils regardent l'Anglais.

— Quel Anglais?

— Celui de là-bas, mon petit ; tu es bien bête !...— Il y a toujours, devant Planié ou Montredon, quatre ou cinq frégates anglaises qui croisent pour nous embêter.

— Et ils font beaucoup de mal, ces Anglais des frégates ?

— Non ; ils arrêtent les pêcheurs des tartanes et leur prennent leurs poissons, mais ils les payent très-bien. Aussi, nos pêcheurs font tout ce qu'ils peuvent pour se faire prendre par les Anglais ; à la Poissonnerie vieille, ils vendent le merlan quatre sous la livre et les Anglais leur en donnent un petit écu.

— Alors, ces Anglais ne sont pas méchants du tout ?

— C'est la crème des honnêtes gens, mon petit ; et blonds comme des anges, et ils nous gardent Louis XVII.

—Mais, lui dis-je naïvement ; mon père prétend que Louis XVII est mort.

— Louis XVII mort ! Il est plus vivant que toi et moi. Madame Caste Audibert l'a vu et lui a parlé, la semaine dernière, dans une bastide à Sainte-Marguerite. J'ai vu la bastide, moi ! ah !

Je m'inclinai devant cette raison, et je parus convaincu de l'existence de Louis XVII.

Un nouveau personnage arriva sur la terrasse du château et fut accueilli par des salutations respectueuses. C'était un homme jeune, de bonne mine et d'une taille au-dessus de la moyenne. Son costume est resté dans mes souvenirs. Il portait un pantalon collant de casimir jaune à côtes, un gilet de bazin blanc sur lequel flottait un jabot de dentelles, un habit bleu à boutons dorés et des bottes qui montaient jusqu'aux genoux et s'échancraient en cœur par devant.

— Ce monsieur, me dit le jardinier, arrive de la ville, et c'est notre voisin de campagne. C'est un muscadin et un grand ami de M. Barras : *on lui dit* Paban (*li dien*). Tous les jours il dîne au château et il apporte des nouvelles.

— Des nouvelles de quoi ? demandai-je.

— Ah ! qui le sait ? reprit le jardinier ; pas possible de comprendre un mot de ce qu'ils disent ; ils parlent tous ponantais. Ce sont des *franciots*.

Cette scène de la terrasse me paraissait fort étrange, mais je n'étais pas d'âge à former des conjectures : en m'étonnant de ce que je voyais, j'obéissais à un instinct précoce plutôt qu'à un raisonnement.

L'*Angelus* de midi sonna au clocher de l'Église. C'était l'heure du dîner.

Barras, qui émondait des oliviers pour se donner des airs de Cincinnatus, parut sur la terrasse, salua par un geste royal la société, offrit gracieusement le bras à madame Montgeron, et entra au château avec sa petite cour.

— En voilà qui vont bien dîner, me dit le jardinier, en soupirant. *Soun touti dé gavas.*

*Gava* est en provençal le superlatif de *riche*. Rien ne peut traduire ce mot.

— M. Barras, ajouta-t-il, a mille francs à manger par jour.... Ah! si j'étais à sa place!

— Que feriez-vous? lui demandai-je.

— Rien.

Ce *rien*, dit après réflexion, remplaça une longue phrase qu'il allait commettre étourdiment. C'est ce que j'ai compris bien longtemps après.

Ma famille habitait une petite maison de campagne, assez mal bâtie, au sommet d'une colline, devant le village des Aygalades. Le chemin de fer, cet impitoyable ravageur de souvenirs, a laissé debout cette bastide, protégée par sa haute position. Elle appartenait alors aux frères Fournier; le propriétaire actuel m'est inconnu; je continue à lui porter envie cependant, et si mon ambition convoitait une place, c'est la sienne que je demanderais. De ce point culminant, on embrasse du regard un magnifique échantillon de l'Infini : la voûte du ciel servant de coupole à la mer.

Le soir de ce jour si mémorable pour moi, je regardais par-dessus les bois de pins, cette mer radieuse, dont la guerre avait fait un désert liquide, lorsqu'un coup de canon retentit dans une atmosphère de cristal, depuis les vallons de Sausset jusqu'aux vignobles de Séon.

Voici la scène émouvante qui se passait sur le théâtre de la mer.

Un vaisseau marchand, fin voilier, le *Sumatra*, de la maison Dodero, venait d'accomplir un miracle en traversant la croisière anglaise. Il arrivait des Indes avec une riche cargaison de sucre et de café, denrées hors de prix à cette époque, et la vigie du fort, qui signalait ce phénomène, avait attiré toute la ville sur l'esplanade de la Tourette, ce belvéder du golfe marseillais.

Le navire de Dodero faisait force de voiles pour gagner le port; mais le vent cessa tout à coup, et la frégate mit en mer deux embarcations. La citadelle de la Tourette essaya de protéger le marchand, avec deux pièces de canon plus invalides que les artilleurs qui les servaient; les boulets, chassés mollement par une poudre avariée, tombaient dans la mer, à cinquante pas de leur batterie honoraire. La corvette la *Victorieuse*, seul navire de guerre amarré dans le port, appareilla bravement et courut à l'Anglais, mais un contre-ordre la fit rentrer aussitôt. L'escadre d'Hudson Lowe se montrait à l'horizon. Un immense cri de douleur, formé de toutes les voix d'une ville, retendit sur l'esplanade. Le navire marchand était pris, et la plus honorable famille commerçante de Marseille vit achever sa ruine et ne se releva plus après ce coup désastreux.

Ces derniers détails et ceux qui vont suivre, je les ai connus longtemps après. Ainsi je ne parle plus comme témoin oculaire; je raconte des faits curieux très-connus alors, très authentiques, et qui se rattachent à l'histoire de notre Midi, si peu connue de la présente génération.

Le soir du jour qui vit la catastrophe de Dodero, on

jouait *Fernand Cortès* au grand théâtre de Marseille. Le célèbre haute-contre Lainez donnait des représentations fort suivies, malgré le blocus anglais. C'était l'âge d'or des directeurs. Ribié avait gagné cent mille écus avec le ballet des amours de Vénus. Prat était en train de faire fortune en jouant le *Prisonnier*, *Adolphe et Clara*, et *les Chasseurs* et *la Laitière*. Monsieur et madame Fay, la mère de Léontine, faisaient salle comble et gagnaient huit mille francs. Aujourd'hui Marseille a quadruplé sa population; ses trois ports s'ombragent de mâts; les millionnaires y courent les rues, et tous les directeurs de théâtre se ruinent successivement.

Il y avait au contrôle un mulâtre portier remplissant les fonctions de *physionomiste*; il se nommait Simon, et cumulait sa fonction théâtrale avec le commerce des épiceries. A cette époque le Marseillais adorait le Grand-Opéra, comme aujourd'hui ; mais l'écu de *cinquante-cinq* sols, prix des premières galeries, était rare, et le dilettante pauvre, entraîné par la passion de l'art, ne se faisait pas scrupule d'entrer hardiment au théâtre, avec l'allure solennelle de l'abonné, sans avoir pris son billet au bureau. Pour remédier à cet abus, M. Prat avait découvert un physionomiste, ce formidable Simon, qui arrêtait la contrebande des abonnés faux avec un œil infaillible ; c'était le douanier de l'art. Excepté mon ami Guirard et moi, tout le monde a oublié Simon, quoiqu'il ait régné longtemps. J'avoue, qu'à peine au sortir de l'enfance, j'ai eu l'honneur de le tromper pour voir l'opéra de *Joseph*. Il y a prescription. Il allait donc jouer *Fernand Cortès*, ce chef-d'œuvre de Spontini, qu'on ne joue plus, hélas ! aujourd'hui, après notre conquête du Mexique ! Deux hommes passèrent devant Simon, qui, d'une voix forte cria le mot de passe : *abonné*, suivi d'une mélopée traînante, accompagnant ce mot : *premières!* L'abonné reconnu était le beau Paban, dont j'ai parlé plus haut ; son compagnon des *premières* était un homme de tournure distinguée, mis à *l'instar de Paris*, comme on disait alors, et portant des lunettes vertes sur un nez d'un aquilin exagéré.

Simon le physionomiste regarda cet homme et lui trouva une tournure singulière. Les étrangers, à cette époque, n'abondaient pas à Marseille, et personne parmi les habitués du théâtre n'avait ces lunettes et ce nez.

Le spectacle était commencé ; on entendait sous le péristyle la voix chevrotante de Lainez qui déclamait : *Trahissez un si beau destin*; tous les spectateurs étaient à leur place ; le service de la douane ne réclamait plus impérieusement Simon à son poste de la barrière ; il monta aux loges d'amphithéâtre, et, par les lucarnes, il chercha et découvrit l'abonné Paban et son compagnon. La salle transportée applaudissait *Fernand Cortès* avec un enthousiasme incroyable ; deux hommes seuls gardaient une immobilité suspecte. Simon se dit en lui-même : Ce sont deux hautes-contre ou deux conspirateurs ; danger dans les deux suppositions ; allons voir M. Gobet.

M. Gobet composait alors à lui seul toute la garnison de Marseille ; il tenait en respect la population. Son chapeau était un épouvantail ; sa figure n'avait pas mis de bornes à la laideur ; sa voix possédait une gamme de contre-basse ; sa taille était enviée par les tambours-majors ; son costume invariable se composait d'une *faquine talaire*, et devenue grise à force d'avoir été bleue. Le nom terrible du château d'If roulait toujours sur ses lèvres de mascaron ; son geste désignait toujours l'horizon maritime où s'élevait cette fameuse prison d'État, qui pourtant, sous le proconsulat de Gobet, n'a jamais eu d'autre prisonnier que le cercueil de Kléber.

La toile du grand théâtre de Marseille représentait alors la façade de l'hôtel de ville, et le peintre y avait représenté Gobet. Le gigantesque agent de police était si joyeux de se voir ainsi exposé, qu'il entrait au parterre dans tous les entr'actes, pour contempler son image peinte sur le rideau.

Tous ces détails, en apparence oiseux, se lient intimement à une histoire fort grave, ainsi que la suite le prouvera. Le hasard intelligent se sert des plus petits ressorts pour fonctionner, et conduire ses victimes au but qu'il a désigné fatalement.

En ce temps, le parterre n'avait pas de banquettes; les spectateurs payaient quinze sols le supplice d'assister debout à une représentation qui durait cinq heures, et tous ces martyrs de la musique rayonnaient de joie.

Simon connaissait les habitudes de Gobet; il le découvrit aisément dans le parterre et lui fit part de ses observations.

Gobet retourna avec regret les yeux de la toile, et les dirigea sur les deux étrangers de l'amphithéâtre.

— Je connais l'un des deux, dit-il à Simon; c'est le beau Paban, un homme qui a des écus et ne fréquente que des riches; c'est un ami de M. Barras, et son voisin de bastide aux Aygalades. L'autre est un Parisien ; il a des gants.

— M. Gobet, dit Simon, vous savez que je suis physionomiste, moi; c'est mon métier.... eh bien, je vous dis que ce n'est pas un Parisien.... Je suis de la Guadeloupe, moi; j'ai vu beaucoup d'Anglais quand j'étais enfant : je vous parie une pipe de Signoret que ce Parisien est un Anglais.

— Un Anglais! dit Gobet en éclatant de rire, un Anglais qui sait que Gobet garde Marseille et qui ferait la bêtise de descendre de sa frégate pour venir voir *Fernand Cortès!*... Mon ami Simon, mêle-toi de tes affaires, et va te promener sur le cours.

Le rusé Gobet voulut profiter de la découverte et en avoir tout l'honneur. Il sortit du théâtre d'un pas nonchalant, et se rendit au café Minerve, où son fidèle limier jouait au *trois-sept* tous les soirs.

Cet agent subalterne se nommait Clastrier. Aux fêtes des villages voisins, il avait tant de fois gagné les prix de la course et des *trois sauts*, que Gobet, qui était fort lourd, l'avait attaché à son service pour les expéditions d'espionnage à vol d'oiseau.

Gobet donna à son agile limier toutes les instructions nécessaires, et Clastrier se posta sous le péristyle du théâtre pour attendre Paban et son compagnon suspect.

Ils sortirent après le second acte, se tenant par le bras, et se dirigèrent vers la rue Haxo.

Clastrier les suivait d'un œil et d'un pas également sûrs.

Un haute-contre, nommé Huchet, condamné au jugement du public pour crime de faux, s'était établi à la rue Haxo, et louait deux cabriolets primitifs, attelés à des chevaux invalides. Paban fit monter son ami dans un de ces véhicules lézardés, prit le fouet et les rênes, et le cheval, continuant son sommeil, suivit par habitude les impulsions du mors, et s'achemina nonchalamment dans la direction de la rue de Rome. Clastrier suivait toujours, mais il modérait son pas, craignant de dépasser le cheval.

Les réverbères, placés à cent pas de distance, augmentaient l'obscurité de la nuit.

Le cabriolet prit la route poudreuse de Montredon, et s'arrêta quelques instants au bord de la mer, probablement pour donner de l'haleine au cheval. Clastrier profita du même bénéfice, et comme le nuage de poussière se dissipait à la brise du golfe, il se fit voiler par un mur de clôture en ruines et obscurci par la verdure des câpriers.

Ces petits détails sont consignés dans son rapport.

A l'extrémité de cette route on trouve un rivage désert, rocailleux, désolé, nommé les *Gondes*. Il y a des usines aujourd'hui. La crique, ou *caranquo* de ce promontoire, sert de refuge aux bateaux pêcheurs dans les nuits de tempête. C'est là que le cabriolet s'arrêta.

Les étoiles et un sillage phosphorescent montrèrent à Clastrier une chaloupe qui déploya ses voiles et accosta une frégate dans la haute mer.

C'était, à n'en plus douter, ou Hudson Lowe, ou lord Exmouth, ou l'amiral Nill, qui rentrait à bord après avoir vu Lainez dans *Fernand Cortès*. Un coup de tête de dandysme effronté, ou un caprice de croiseur attaqué du *spleen*.

A son retour, Paban s'arrêta devant un portail qui s'ouvrait devant une allée de pins, dans le voisinage de la bastide de M. Rostand-Dancézune. Clastrier reprit le chemin de la ville et fit son rapport.

Le lendemain, au point du jour, la police fit une descente aux Aygalades, chez Paban, et on découvrit les preuves d'une conspiration insensée dont le but était de ramener les Bourbons en France par la voie de mer, avec l'aide de la croisière anglaise et de ses troupes de débarquement. Les amiraux britanniques avaient inventé ce complot pour se désennuyer, car vraiment la vie qu'ils menaient à bord était intolérable. Leurs frégates se promenaient du cap Sicié au cap Couronne, sans jamais rencontrer un navire ennemi. Les amiraux Gantheaume et Emériau avaient ordre de ne pas sortir de Toulon pour ne pas donner aux Anglais une occasion d'amusement. Quand le spleen arrivait au comble à bord du *Cumberland,* on lançait trois ou quatre boulets sur la fabrique de soudes factices, établie à Montredon par M. Michel Gautier, représentant la maison Gautier et compagnie, de Páris, rue Saint-Louis, 44, au Marais.

Le malheureux Paban fut la victime du *spleen* des amiraux anglais, ce qui leur porta malheur à tous les trois. L'un se fit le geôlier de Sainte-Hélène; triste fonction! l'autre échoua contre Alger; le troisième donna sa fille en mariage à un Français frivole. Puisse un pareil exemple servir de leçon aux croiseurs qui réduisent à la famine et à la misère les innocentes populations!

Immédiatement arrêté, Paban fut emprisonné au fort Lamalgue, à Toulon. Une cour martiale, présidée par un colonel de cavalerie, instruisit l'affaire, et les papiers découverts chez Paban démontrèrent, avec trop d'évidence, qu'il avait pour complices Bergier, Auffan, Vidal, et quelques autres. Vidal était celui qui allait chercher la correspondance anglaise dans une cachette mystérieuse, à l'île Verte, près la Ciotat. La cour martiale tint séance dans la grande salle de l'hôtel de ville de Toulon, et rendit son jugement le 20 décembre 1813, à onze heures du soir. Paban, Bergier, Auffan et Vidal, — ce dernier contumace, — furent condamnés à mort, plusieurs autres accusés furent acquittés. La violation des lois sanitaires, très-rigoureuses à cette époque, entra pour beaucoup dans ce jugement.

Un grand intérêt s'attacha au malheureux Paban; il était jeune, riche, et d'une taille superbe. Le 22 décembre, par une journée splendide, les condamnés traversèrent la ville, et le funèbre convoi fut placé devant un piquet de soldats, contre le mur de l'ancien cimetière, au-dessus du Champ-de-Mars. Paban pleurait et attendrissait la foule, qui prononçait tout bas le nom d'un complice oublié, ou mis hors de cause trop généreusement.

Les lunettes d'approche disparurent sur la terrasse

du château des Aygalades ; mais Barras continua son travail sur les oliviers.

Grâce à l'amicale hospitalité du comte Jules de Castellane, il m'a été donné d'habiter ce château historique et de m'asseoir sur cette terrasse, où j'ai ressenti mes premières émotions. Eh bien, au milieu de tant de fêtes que j'ai vues dans les salons du maréchal de Villars et du triumvir Barras, je n'ai jamais un seul instant perdu le souvenir de ces hommes réunis mystérieusement au belvédère du perron, et regardant l'horizon maritime où blanchissaient les voiles anglaises. Dans cette salle du château où la gracieuse invitation du maître m'a fait asseoir tant de fois comme convive, j'ai toujours vu devant moi le spectre de ce malheureux jeune homme, ce conspirateur étourdi qui passa de cette même table des festins à la sanglante fosse des suppliciés. Un soir, la plus brillante réunion remplissait le grand salon du château ; une très-jeune et belle jeune fille de la société, qui allait se révéler bientôt comme une grande artiste, mademoiselle Anna de la Grange, faisait son début dans le monde ; elle excitait notre enthousiasme et agitait toutes les mains. Entre autres morceaux d'élite, elle chanta l'air de *Grâce !* de *Robert*, avec une expression et une puissance de voix incomparables. Les fenêtres étaient ouvertes et je regardais la terrasse et la mer. Le mot *grâce*, souvent répété dans cette belle cavatine, vint se mêler à des souvenirs ineffaçables, et, après le concert, je m'adressai à M. Réguis, un magistrat avec lequel je m'étais entretenu de la conspiration, et je lui dis : « Voilà un mot, le mot *grâce*, qui a été oublié dans le procès de Paban.—Oui, me dit-il, l'exécution a suivi de près l'arrêt de mort. L'Empereur ne savait rien ; le moment n'était pas bon pour lui faire des rapports. Ces choses se passaient quelques jours après le désastre de Leipsig. La justice, livrée à elle-même, suivait son cours avec toutes les rigueurs des époques fatales. Remarquez aussi que cette conspiration marseillaise semblait se relier à la récente folie de Mallet, et surtout aux plans du général Guidal qui conspirait pour les Bourbons, quoique complice de Mallet, républicain. Mais voici un détail fort curieux que je vous confie et dont vous pourrez tirer parti, si quelque jour vous écrivez cette histoire.

Et le magistrat me fit signe de sortir du côté de la terrasse.

J'écrivis quelques vers sur l'album de mademoiselle de la Grange, un quatrain que la grande artiste m'a montré l'été dernier en Allemagne, et je sortis avec mon historien.

Nous étions alors sur le même terrain où j'avais vu arriver, en 1813, ce beau et jeune Paban, que j'exhume aujourd'hui. « Bien des années après l'exécution, me dit le magistrat, le hasard me mit en rapport avec un brave et loyal officier supérieur nommé Dundurand; vous trouverez ce nom aux archives des cours martiales ou des conseils de guerre. Il était capitaine rapporteur, à Toulon, dans le procès de Paban. Le recours en grâce, m'a-t-il affirmé, a été envoyé au ministre après la condamnation. Nous nous attendions tous à voir la peine commuée par la clémence de l'Empereur; mais l'envoi du recours se croisa en route avec un ordre des bureaux de la guerre, et l'exécution eut lieu le surlendemain de l'arrêt. »

Le comte de Castellane vint nous surprendre au milieu de ce triste entretien, et s'adressant à M. Réguis. —Cher président, dit-il, que racontez-vous donc de si intéressant à l'écart de tout le monde?— Je disais, répondit le spirituel magistrat, que le progrès est dans la haute aristocratie. Le maréchal de Villars est venu s'endormir dans ce château après sa victoire de Denain,

Barras avait été invité à le prendre pour prison, et vous, mon cher comte, vous en faites une salle de bal et un conservatoire d'artistes. Voilà ce que je disais. »

Et le concert et le bal se prolongèrent jusqu'au matin, sous ces lambris que Villars et Barras avaient toujours vus tristes et silencieux.

# UNE PROMENADE

# AU JARDIN D'ACCLIMATATION

C'est un jardin que j'ai vu naître avec un sentiment de joie égoïste. Membre de la grande famille zoologique et tropicale, je vais souvent me mêler à mes confrères, pour essayer mon acclimatation sous le ciel du nord ; et, quand je vois sur les pelouses de ce jardin l'autruche trottant à pas saccadés, comme une Anglaise de 1814, ou se prélassant avec une fierté aristocratique, comme une grande dame du Directoire en costume trop délateur, dans sa légèreté, je me dis :

— Puisque cet oiseau tropical se promène au bois de Boulogne, sans craindre une pleurésie, tous les frileux peuvent s'y promener impunément.

L'autre jour, l'horloge de l'été avançait de deux mois ; le 20 mai aurait pu se faire passer pour le 20 août, et personne ne l'aurait contredit. Quatre voyageurs du grand Orient, et membres de l'ambassade japonaise, entraient avec moi au Jardin d'acclimatation, probablement aussi pour faire un essai. Je les suivis à distance respectueuse, et le langage de leurs gestes, de leurs attitudes, de leurs physionomies, me démontra qu'ils étaient ravis de ce bel établissement, et qu'ils lui trouvaient un faux air de Japon. Deux de ces Orientaux avaient revêtu le costume parisien et le portaient avec la gracieuse aisance d'un habitué du boulevard. Cela me fit penser à saint François-Xavier qui mourut au moment où il allait acclimater le christianisme dans le Japon ; et, de rêveries en paradoxes, je parvins à donner un supplément aux magnificences de ce jardin, avec les frais économiques de l'imagination.

Une nouvelle ville, la ville des millionnaires, vient de s'élever tout à coup dans la région de l'arc de l'Étoile. C'est un prodige vulgaire à notre époque de prodiges. On en fait autant à l'Opéra. Les futurs locataires de cette ville seront fournis par l'univers. On leur ouvre déjà les portes de Suez et de Panama.

On organise déjà les caravanes de la **richesse cosmopolite**, et les trains de plaisir de la Patagonie et de Ceylan. Notre Paris devient une curiosité phénoménale, comme Rome autrefois. Les opulents satrapes de la Perse et de l'Euxin venaient s'établir autour de l'arc de Janus, le Quadrifrons, Auguste régnant. La voie ferrée d'Appia invitait les opulents épicuriens, sur les deux rivages de la péninsule : à Brindes, devant l'Adriatique; à Anxur, devant la mer Tyrrhénienne. On voulait voir de près cette Rome qui étreignait le monde dans ses bras, du golfe Persique à la Scandinavie, et du pays des Scythes aux Garamantes africains. Aujourd'hui, les riches voyageurs sont possédés de l'immense désir de voir cette France, qui, en s'étendant sur le globe, met ses pieds sur les fleurs du soleil de Nice, sa tête sur les rives de la Nouvelle-Calédonie, et touche de ses deux mains les pagodes de Pékin et les montagnes de Mexico.

C'est en effet un spectacle assez curieux, et ceux qui regrettent la dépense sont les Harpagons de la gloire.

Je souhaite chance heureuse et prospérité continue aux fondateurs du Jardin d'acclimatation; car, si les millions leur arrivent par un fleuve de pièces de vingt sols, ils peuvent meubler ce vaste domaine de tous les échantillons de l'architecture tropicale, et donner ainsi complète satisfaction aux pèlerins opulents qui viendront habiter la ville des millionnaires, et s'y acclimater comme les oiseaux, les arbres et les fleurs du vrai soleil. Il y a, dans ce beau jardin, de grandes lacunes qu'il faut remplir avec cette intention hospitalière. A côté de ces belles serres, où s'épanouit la Flore de l'équateur, devant ces pelouses où les aras et les perroquets libres causent avec les passants, où les lamas demandent l'aumône d'un gâteau, où les dromadaires attendent les caravanes, où les pigeons indiens jouent avec les moineaux du bois de Boulogne, où les coqs de la Cochinchine apprennent la gamme des coqs gaulois, où les autruches se baissent pour brouter la cime d'un arbuste; dans cet Éden du monde oriental, il faut un complément de paysage, et l'illusion ne laissera plus rien à désirer pour les hommes et peut-être même pour les animaux, dans le double intérêt de leur acclimatation.

Avec les gravures de Raffles, de Sollwyns, de Taylor, de Coste, et les *in-quarto* de l'Inde française et anglaise, on peut bâtir, dans ce jardin, toutes les ruines célèbres des pays du soleil; c'est beaucoup moins cher que le neuf. A des distances convenables, on trouverait les ruines du grand temple de Kosrou, du portique d'Hermopolis, du *Désavantar* ou des dix incarnations, de Ten-Tauly, la merveille d'Ellora; des sept pagodes; du péristyle mystérieux de Java, aux pieds du *Mara-Api*; et même les grands débris de Doumar-Leyma. Le Japon fournirait aussi les ruines des pagodes de ses deux grandes îles de Nypon et de Jesso; l'Amérique ses merveilles de Palanqué, enfouies dans la presqu'île d'Yucatan; ses ruines des temples des Incas; ses colosses que les eaux du Nicaragua ont à demi submergés, et tant d'autres reliques qui attestent une civilisation inconnue et font la joie des rêveurs et le désespoir des historiens.

Ce serait aussi un acte de politesse dont les étrangers des pays lointains nous sauraient un gré infini. Ils seraient enchantés de voir que cette France, qui a tant d'affaires sur les bras, leur a donné une pensée, et, pour reconnaître le service rendu, ils bâtiraient des maisons dans le voisinage de ces ruines et s'acclimateraient plus aisément. Il y a neuf ans, lorsque cette ville de millionnaires, qui rayonne de l'Arc de l'Étoile, était encore dans le néant, j'osai hasarder un paradoxe au début du premier numéro du *Monde illustré*; je soutins que cette ville absente allait sortir des carrières, et qu'en 1864, Paris aurait son *West-end*, car les villes, comme les astres, se lèvent à l'est et marchent toujours vers le couchant. Aujourd'hui, enhardi par cette prédiction imprimée, j'oserai presque affirmer qu'en 1874 ce supplément de meubles sera donné au Jardin d'acclimatation, et que les nababs sortis par la porte de Suez, et les fils des incas par la porte de Panama, ou de notre voisin, le golfe du Mexique, payeront l'architecture monumentale de l'avenue de Neuilly et du boulevard de l'Empereur, qui sera le boulevard de l'infini.

A l'encontre de cette opinion, les anecdotiers du Jardin-des-Plantes peuvent exhumer l'histoire de Potavery.

Ce jeune sauvage fut amené à Paris par Bougainville, comme un échantillon vivant du produit cannibale. On l'habilla en Dorante, on le coiffa d'une perruque, on lui ceignit l'épée horizontale, et on le logea dans un cabanon, au Jardin-des-Plantes. Cet établissement n'était pas ce qu'il est aujourd'hui. Ses belles allées arrivaient à peine à hauteur d'homme. Les passants ombrageaient les arbres. Quatre plates-bandes de choux et d'épinards, disposées en croix de Malte, justifiaient seules le titre du jardin. Le chêne de Daubenton était un frêle arbuste. Les finances de l'État ne permettant point de nourrir les puissants quadrupèdes de l'Asie et de l'Afrique, on les empaillait par économie, d'après le procédé de taxidermie du docteur Saavers.

Potavery dépérissait d'ennui au milieu de cette nature morte. Paris, à cette époque, était pavé de boue, et paraissait inhabitable à un sauvage habitué à marcher sur les fleurs de son île. Les réverbères n'éclairaient pas encore les rues, et tous les soirs la nostalgie de ce malheureux lui donnait des crises alarmantes. Les médecins chargés de sa santé le conduisirent, en chaise à porteurs, dans un théâtre éclairé par douze chandelles de suif, et, là, Potavery vit jouer la pièce en vogue, *le Cercle*, de Poinsinet. Enfin, et pour comble de malheur, un poëte lui envoya des vers, qu'un interprète eut l'imprudence de traduire en langue *matapouni*, ce patois primitif des archipels du Sud. Le pauvre sauvage allait rendre le dernier soupir, sans maladie, lorsque — dit toujours l'histoire — il aperçut un mince palmier emprisonné dans un cabanon à vitres. Ressuscité par sa joie, il sauta au cou de l'arbre compatriote, l'embrassa comme un ami et l'arrosa de larmes. Le naturaliste Daubenton, témoin de cette scène, fut attendri pour la première fois ; il obtint du ministre la délivrance du sauvage, et il le renvoya, par Dunkerque, dans son île de palmiers.

Les quatre Potaverys japonais que j'ai rencontrés l'autre jour au Jardin d'acclimatation, étaient fort joyeux et n'embrassaient aucun palmier dans les serres. Ils souriaient à cette nature d'emprunt comme si elle eût été naturelle ; ils saluaient les familles végétales venues de Nyphon et de Jesso ; et ils tendaient la main, pour le caresser, au cerf japonais (*cervus sika*) qui se promenait avec le cerf de Borneo, sans redouter les hallalis. Mais une scène de comédie, improvisée pour eux, les a mis en extase : cinq superbes aras, de l'espèce rouge, s'amusent au jeu du cerceau en poussant le cri auquel ils doivent leur nom. Le nombre impair déplaît aux animaux, aux oiseaux surtout. Il y a donc, parmi ces cinq aras, deux ménages bien assortis et un veuf inconsolable.

Cet Orphée de l'ornithologie, irrité contre le bonheur du voisinage, avait l'autre jour abandonné son perchoir solitaire, et vagabondait dans le bocage élyséen, pour chercher Eurydice. Aussitôt, le gardien qui veille sur la république des aras, des perroquets amazones, des loris des Philippines, des cacatoès australiens, des perruches omnicolores, s'est avancé, comme un constable, sa baguette à la main, et a ramené au perchoir l'ara veuf et récalcitrant. Le malheureux Orphée a exécuté alors le point d'orgue de madame Viardot, mais avec des notes stridentes qui ont été redites en chœur par tous les oiseaux criards du voisinage; c'était la protestation de tout un peuple contre la tyrannie du gardien, et un ensemble harmonieux qui donnait une assez juste idée de la musique de l'avenir.

A cette comédie mêlée de chant, les quatre Japonais se sont divertis comme des habitués du théâtre du Palais-Royal et ils paraissaient attendre une seconde représentation. Mais le gardien veillait et tout venait de rentrer dans l'ordre, pour quelques heures probablement, car les aras sont têtus comme des hommes, et lorsqu'ils s'acharnent dans une idée, ils ne l'abandonnent plus. Sous le règne de Louis-Philippe, il y avait un député qui demandait toutes les années la suppression du budget zoologique, comme trop lourd aux contribuables. La grande cage des perroquets et le fameux palais des singes portèrent à son comble l'irritation du député zoophobe, et M. Thiers, qui avait autorisé ces dépenses, se vit à la veille de faire du palais des singes une question de cabinet. (Voir *le Moniteur* du temps.)

Aujourd'hui, le Jardin-des-Plantes n'a pas son pareil au monde; il récrée et anime tout un faubourg populeux, il est le spectacle gratuit des dimanches. Et, à l'autre extrémité de Paris, un autre jardin, entretenu par des dons volontaires, est destiné providentiellement, avec des améliorations progressives, à donner à son titre une signification plus étendue. L'ancienne Rome a été envahie par les barbares et Paris attend une invasion de visiteurs amis et d'Attilas civilisés. C'est pour eux que cette grande capitale de l'hospitalité universelle crée et perfectionne un jardin d'acclimatation, où se réunira le congrès pacifique de l'avenir.

FIN

# TABLE

|  | Pages |
|---|---|
| Préface | I |
| Le Palais-Royal | 3 |
| Le Vaudeville et la vieille gaieté française | 27 |
| Le Mélodrame, ses pompes et ses œuvres | 51 |
| Un Cabaret de tempérance | 69 |
| Paradoxes politiques | 83 |
| A propos de *la Bourse* | 97 |
| Un Concert dans la forêt | 119 |
| Heidelberg | 133 |
| Une Restauration | 153 |
| L'Arc de l'étoile | 163 |
| Histoire d'une médaille | 179 |
| Alexandre Dumas au Caucase | 193 |
| Pomponiana | 219 |
| De l'antiquité des patois | 227 |
| Les Péripatéticiens de Marseille | 241 |

| | |
|---|---|
| Voyage du *Phocéen* | 253 |
| Les Rues célèbres de l'Europe | 261 |
| L'Académie | 273 |
| Il n'était pas de l'Académie | 289 |
| Les Tyrans de l'opéra | 297 |
| La Vérité sur la création | 311 |
| Un Progrès | 325 |
| Les Aygalades | 343 |
| Une Promenade au Jardin d'acclimatation | 365 |

FIN DE LA TABLE

8848. — Imprimerie générale de Ch. Lahure, rue de Fleurus, 9, à Paris.